*Otto Friedrich*

**Des edlen Hundes Aufzucht, Pflege, Dressur und Behandlung seiner Krankheiten**

*Vollständiges Handbuch für jeden Jäger, Hundeliebhaber und Züchter*

Otto Friedrich

**Des edlen Hundes Aufzucht, Pflege, Dressur und Behandlung seiner Krankheiten**

*Vollständiges Handbuch für jeden Jäger, Hundeliebhaber und Züchter*

---

ISBN/EAN: 9783845745930

Erscheinungsjahr: 2012

Erscheinungsort: Barsinghausen, Deutschland

© Unikum-Verlag in meisterstudio agentur für werbung und design GmbH,

Marktstraße 16 A, 30890 Barsinghausen.

Alle Rechte beim Verlag und bei den jeweiligen Lizenzgebern.

www.unikum-verlag.de | info@unikum-verlag.de

Bei diesem Titel handelt es sich um den Nachdruck eines historischen, lange vergriffenen Buches. Da elektronische Druckvorlagen für diese Titel nicht existieren, musste auf alte Vorlagen zurückgegriffen werden. Hieraus zwangsläufig resultierende Qualitätsverluste bitten wir zu entschuldigen.

*Otto Friedrich*

**Des edlen Hundes Aufzucht, Pflege, Dressur und Behandlung seiner Krankheiten**

*Vollständiges Handbuch für jeden Jäger, Hundeliebhaber und Züchter*

**Tyras II., neue Reichsdogge,**

von Seiner Majestät dem Kaiser Wilhelm II. bei mir angekauft als Geschenk für Seine Durchlaucht den Reichskanzler Fürsten Bismarck zu dessen Geburtstag am 1. April 1889.

# Des edlen Hundes
# Aufzucht, Pflege, Dressur
und
## Behandlung seiner Krankheiten.

### Vollständiges Handbuch
für jeden
### Jäger, Hundeliebhaber und Züchter
mit
### 50 Original-Illustrationen,
denen Beschreibung der Race, ihres Exterieurs und ihrer sonstigen Eigenschaften sich anschliesst.

Von

## Otto Friedrich,

Begründer und alleiniger Besitzer der Hundezüchtereien „Cäsar & Minka" in Zahna und Wittenberg, prämiirt mit goldenen und silbernen Staats- und Vereinsmedaillen, Liefr. Sr. Majestät des Deutschen Kaisers und Königs von Preussen, Sr. Majestät des Kaisers von Russland, Sr. Majestät des Gross-Sultans der Türkei, Sr. Majestät des Königs der Niederlande, Sr. Königl. Hoheit des Grossherzogs von Oldenburg, sowie vieler Kaiserlichen und Königlichen Prinzen, regierenden Fürsten etc.

Siebente Auflage.

Zu beziehen durch den Selbstverleger und durch alle Buchhandlungen.

Preis: 10 Mark.

### Zahna 1889.
Selbstverlag des Verfassers.

## Vorwort zur siebenten Auflage.

Nachdem ich vor zwei Jahren auf die fünfte (französische) Auflage meines Handbuches „*Des edlen Hundes Aufzucht, Pflege, Dressur und Behandlung seiner Krankheiten*" die sechste (deutsche) Auflage hatte folgen lassen, bin ich zur Zeit genöthigt, da letztere vergriffen ist, zur Veröffentlichung einer siebenten Auflage zu schreiten, die wieder in deutscher Sprache verfasst ist.

Eigentlich Neues habe ich dieses Mal den in den früheren Auflagen gegebenen Beschreibungen und Vorschriften nicht hinzuzufügen, darf aber mit Befriedigung auf den Fortgang und die Erfolge meiner Hundezüchterei auch in den letzten Jahren blicken, und hoffe, dass meine geehrten und werthen Abnehmer aus allen Kreisen, wie früher, auch jetzt den Leistungen meines Geschäftes ihre Anerkennung zollen werden.

Zu einer besonderen Ehre hat es mir vor kurzem noch gereicht, dass Se. Majestät unser Allergnädigster König und Kaiser Wilhelm II. geruhten, das zum Ersatz der eingegangenen Lieblings-Dogge Sr. Durchlaucht des Fürsten Bismarck (des im ganzen deutschen Reich wohlbekannten »Reichshundes« Tyras) bestimmte, dem früheren möglichst ähnliche Hunde-Exemplar meiner Handlung zu entnehmen und mit diesem huldreichen Geburtstags-Geschenk unserem grossen Reichskanzler zum 1. April d. J. die beabsichtigte Ueberraschung zu bereiten. Ich konnte es mir nicht versagen, das Bild der neuen Reichs-Dogge Tyras II. nach einer Photographie dieser neuen Auflage meines Handbuches vorzusetzen.

Im übrigen heisse ich jeden Liebhaber des treuesten Thieres, das dem Menschen zum Begleiter und Schützer bestimmt ist, auch wenn ein solcher bisher noch nicht mein Abnehmer gewesen sein sollte, zur gelegentlichen Besichtigung meiner Hundezüchterei und der mit derselben zusammenhängenden, von mir mehr und mehr erweiterten und verbesserten Anlagen von Herzen willkommen.

Zahna, 1889.

**Der Verfasser.**

# Inhalts-Verzeichniss.

| | Seite. |
|---|---|
| **A. Allgemeines** | 1 |
| **I. Der Hund** | 1 |
| Seine Eigenschaften, sein Charakter, seine Beziehungen zum Menschen | 1—4 |
| »Hund«, »hündisch« als Schimpfname | 5 |
| **II. Aufzucht des Hundes** | 5 |
| Heisswerden der Hündin; Belegen | 5 |
| Trächtigkeit und Wölfen; nur 5 Junge lassen | 6 |
| Künstliche Aufzucht mit Milch | 7 |
| Das Lager; Wärme und Trockenheit; »Inswassergehen«; Entwöhnung | 7 |
| »Verliegen« der Hündin | 8 |
| Man behandle die jungen Hunde wie kleine Kinder! | 9 |
| Erzogene, verzogene und verwilderte Hunde | 9 |
| Abstrafen; immer dieselben Worte! — Pünktlichkeit | 10 |
| Der Hund an der Kette; die Hundehütte | 10 |
| Der Hund Nachts im Hause; Spasserei; die ersten Unterweisungen | 11 |
| **III. Pflege des erwachsenen Hundes** | 12 |
| Spratt'scher Hundezwieback | 12 |
| Kein rohes Fleisch; gekochte und lauwarme Nahrung; Vorsicht mit Kartoffeln | 13 |
| Quantität des Futters; Vorsicht mit Knochengeben | 14 |
| Wachsamkeit des satten Hundes; Baden oder Waschen | 14 |
| **IV. Krankheiten des Hundes** | 15 |
| Kennzeichen der Gesundheit. Innerliche Unpässlichkeit | 15 |
| Verstopfung; Durchfall; Husten und Heiserkeit; Rheumatismus | 16 |
| Geschwüre; Verrenkungen; Verbällen der Fussballen | 17 |
| Augenverletzungen; Vergiftungen | 17 |
| Die Staupe (Hundeseuche oder Rotz) | 18 |
| »Life preservers, pills for dogs« | 18 |
| Die Räude | 19 |
| Der Ohrwurm | 20 |
| Die Hunds- oder Tollwuth (Wasserscheu) | 20 |
| **V. Schmarotzer** | 22 |
| Läuse und Flöhe; Zecken | 22 |
| Würmer | 23 |
| Bandwurm | 23 |
| Spulwürmer und Askariden | 24 |
| **VI. Das Coupiren der Ohren und der Ruthe** | 24 und 25 |

| | Seite. |
|---|---|
| **VII. Dressur** | 25 |
| Kunststücke beibringen | 26 |
| Jagdhunde abführen; was zu einem fermen Hühnerhunde gehört | 27 |
| Nicht zu früh mit der Dressur anfangen! | 28 |
| Appell; Springen | 28 |
| Apportiren | 29 |
| »Such verloren!« | 30 |
| **VIII. Die Dressur auf den Mann** | 30—35 |
| **B. Die Racen** | 36 |
| Reines Blut und Mischmasch | 36 |
| Die Firma »Cäsar & Minka« von der Magdeburger Zeitung und von »Ueber Land und Meer« empfohlen | 37—39 |

**Jeder folgenden Nummer (von 1—50) entspricht eine Abbildung, welche die Eigenthümlichkeit der beschriebenen Race genau darstellt.**

| | |
|---|---|
| 1. Die Ulmer Dogge (Württembergische Hatzrüde, Deutsche Dogge) | 40 |
| Vorwurf der Bösartigkeit unbegründet | 41 |
| Ausserordentlich leichte Acclimatisationsfähigkeit | 41 |
| Früher in Ulm, jetzt in Zahna gezüchtet | 41 |
| 2. Der Englische Mastiff (grosse Englische Dogge) | 42 |
| Ein treu ergebener Begleiter und Beschützer, | 42 |
| aber bösartig und nicht recht wachsam | 42 und 43 |
| 3. Der Deutsche Bullenbeisser (Deutscher Mastiff) | 44 |
| (ausgezeichnet als Wagen-Begleiter, Zug- und Kettenhund). | |
| 4. Die Dänische Dogge | 45 |
| (Luxus- und Salonhund; treuer Wächter des Hauses). | |
| 5. Die Bulldogge | 46 |
| Muth und Ausdauer im Kampfe | 47 |
| Spielkamerad der Kinder; Würger des Raubzeuges, selbst der Ratten | 47 |
| 6. Der Berghund (früher St. Bernhardiner) | 48 |
| Heldenthaten der St. Bernhardiner Hunde | 48 |
| Barry, der berühmteste | 48 |
| Versuche, eine der ausgestorbenen Race gleichwerthige zu züchten | 49 |
| »Cäsar & Juno« auf der internationalen Ausstellung in Stuttgart 1875 und die Bezeichnung »Berghunde« | 50 |
| »Juno, Minka & Moulon« | 50 |
| Herr Bergmann in Waldheim und Otto Friedrich in ihrem Zusammenwirken zur Erhaltung und Vervollkommnung dieser Race | 51 |
| Vorzüge, auch vor dem Leonberger | 52 |
| 7. Der Neufundländer (guter Wasserhund) | 53 |
| 8. Der Leonberger oder Boblinger | 54 |
| (eignet sich nicht zum Salonhund). | |
| 9. Der Deutsche Schäferhund | 55 |
| 10. Der Ungarische Wolfshund | 57 |
| Allgemeines über den Pudel | 58 |
| 11. Der Königspudel (Spanischer Schnürpudel) | 60 |
| 12. Der Löwenpudel | 61 |

# VII

|   | Seite. |
|---|---|
| 13. Der Löwenspitzer (und der Spitz überhaupt) | 62 |
| 14. Der Englische Windhund (zur Hetzjagd tauglich) | 64 |
| Dressur des Windhundes | 65 |
| 15. Der Afrikanische Windhund | 67 |
| 16. Das Windspiel | 68 |
| 17. Das Mexikanische oder nackte Windspiel | 69 |
| 18. Der Eskimohund | 70 |
| 19. Der Stallpinscher | 71 |
| 20. Der Rattler | 72 |
| 21. Der Seiden- oder Affenpinscher | 73 |
| 22. Der Englische Pinscher (und Rattler) | 74 |
| 23. Das Löwenhündchen (noch wenig bekannt) | 75 |
| 24. Das Bologneser Hündchen | 76 |
| 25. Der Bull-Terrier (sehr empfehlenswerth) | 77 |
| 26. Der Fox-Terrier (guter Stallhund) | 78 |
| 27. Der King-Charles-Hund (phlegmatisch und dumm) | 79 |
| 28. Das Wachtelhündchen (empfehlenswerth) | 80 |
| 29. Der Mops (neuer Züchtung) | 81 |
| 30. Das Havanahündchen (wachsames Salonhündchen) | 82 |
| Allgemeines über den Hühnerhund | 83 |
| Beklagenswerthe Abneigung gegen reines Deutsches Blut | 83 |
| Die einzige vortheilhafte Kreuzung | 83 |
| Jetzige Anforderungen an den Hühnerhund | 84 |
| Der »Gebrauchshund« in Sicht | 84 |
| 31. Der Gebrauchshund (Jagd- und Vorstehhund). Englisch-Deutsche Kreuzung | 86 |
| O. Friedrich's specielle Züchtung | 87 |
| Das von O. Friedrich behufs Dressur der Hunde erpachtete Jagdterrain | 87 |
| Preis eines Gebrauchshundes; Anerbieten eines Preis-Courantes | 88 |
| 32. Der alte Deutsche Vorstehhund | 89 |
| Fast verschwunden | 89 |
| Ein Biberjagd-Abenteuer auf der Elbe | 89 |
| Ein Veteran der Race, 1876 in Dresden ausgestellt | 90 |
| Streben, diese Race wiederzubringen | 91 |
| Dressur des Hühnerhundes im Besonderen | 91 |
| Unterweisende Bücher | 92 |
| Vorurtheil der Jäger ohne Hunde | 92 |
| Vorstehen, verfolgen und apportiren | 93 |
| Hochwinden oder tiefsuchen | 93 |
| Vorzüge der Hündinnen | 94 |
| 33. Der Englische Pointer | 95 |
| 34. Der Französische Pointer | 96 |
| 35. Der Gordon-Setter (rascher Sucher mit scharfem Geruch) | 97 |
| Zwei Arten seiner Dressur | 97 |
| 36 und 37. Der Irische Setter und der Laverak-Setter | 98 |
| 38. Der Englische Fuchshund (zur Fuchsjagd und auf anderes Wild) | 99 |
| Auch als Hofhund brauchbar | 100 |

|   |   |
|---|---|
| 39. Die Englische Bracke (Parforce-Hund, aber auch zu anderer Jagd) | 101 |
| Lernt jedes Signal verstehen | 101 |
| 40. Der Harrier (Hasenhund; kann Treiber ersetzen) | 102 |
| 41. Die Deutsche Bracke (Stein-Bracke; ausgezeichnet für Berggegenden und im Schnee) | 103 |
| 42. Der hochbeinige Dachshund | 104 |
| 43. Der krummbeinige Dachshund | 105 |
| Für ober- und unterirdische Jagd; sehr wachsam | 105 |
| Doch mit dem Schalk im Nacken; unbrauchbar im Schnee | 106 |
| Dressur des Dachshundes | 106 |
| Herstellung künstlicher Dachsbaue | 107 |
| Beschreibung in Alex. Meyer's »Jäger-Vademecum« | 107 |
| Verfolg der Jagd in solchen Bauen | 108—109 |
| 44. Der Schweisshund | 110 |
| Seine schwierige Dressur nach R. v. Meyerinck | 110—121 |
| Wo noch reine Deutsche Race zu finden | 111 |
| Eine besondere Race in Coburg-Gotha | 111 |
| 45. Der Spaniel (für Federwild) | 122 |
| 46. Der Polnische Wasser- und Vorstehhund (unempfindlich gegen Kälte). | 123 |
| 47. Der Saubeller oder Finder | 124 |
| 48. Der Persische Windhund (untauglich zur Jagd) | 125 |
| 49. Der Russische Windhund (zur Wolfshetze) | 126 |
| 50. Der Schottische Windhund (»Deer-hound«, Hirschhund) | 127 |
| 51. Otter-Hunde (und Otter-Jagd) | 128 |
| Anhang: Hunde-Namen | 130 |

# A.
# Allgemeines.

[**Motto.**]
„Lebt wohl ein Menschenfreund, der sich nicht seiner Hunde, nicht ihrer Tugenden und ihrer Liebe freut?"

## I.
## Der Hund.

Der Hund hat sich wie der Mensch und wohl mit diesem über die ganze Erde verbreitet, und in allen seinen Arten ist er der treueste, anspruchsloseste, opferwilligste Begleiter des Menschen. Wie sehr auch die Ansichten der Naturforscher über die Abstammung des Hundes auseinandergehen, in dem Urtheile über seine vielen guten Eigenschaften, die allen Arten eigen sind, sind sie einig.

*Cuvier* sagt: »Der Hund ist die merkwürdigste, vollendetste und nützlichste Eroberung, welche der Mensch jemals gemacht hat, denn die ganze Art ist unser Eigenthum geworden; jedes Einzelwesen derselben gehört dem Menschen, seinem Herrn, gänzlich an, richtet sich nach seinen Gebräuchen, kennt und vertheidigt sein Eigenthum und bleibt ihm ergeben bis zum Tode. Und alles dieses entspringt weder aus Noth, noch aus Furcht, sondern aus reiner Liebe und Anhänglichkeit. Die Schnelligkeit, die Stärke und die Feinheit seines Geruches haben aus ihm einen mächtigen Gehülfen für den Menschen gemacht, und vielleicht ist er sogar nothwendig zum Bestande der menschlichen Gesellschaft. Der Hund ist das einzige Thier, welches dem Menschen über den ganzen Erdboden gefolgt ist.«

Schon in ältester Zeit waren die edelsten Menschen die grössten Hundefreunde. Liebe zu den Thieren, Thierschutz, besonders Liebe zu unseren nützlichsten und verdienstvollsten Hausthieren, die gleichsam Tisch und Bett mit uns theilen, ist keine Sentimentalität des Gemüths, sondern bewährt die Sittlichkeit des Menschengeschlechts.

Gemüther oder Charactere, die kein Gefühl für die Thierwelt haben, sind falsch erzogen, ihnen fehlt das Bewusstsein, als Mensch über das Thier gestellt zu sein, nicht um es zu peinigen, sondern um sein liebevoller Herr zu sein. »Der Gerechte erbarmet sich auch seines Viehes, aber das Herz des Gottlosen ist unbarmherzig.« Dieses Bibelwort spricht das in vollstem Maasse aus, was wir den Thieren, namentlich dem Hund, schuldig sind. Dichter, Bildhauer und Maler alter und neuester Zeit haben den Hund in ihren Meisterwerken mit Worten, plastisch in Gestein und auf den kostbarsten Gemälden dem Menschen so nahe und so voller Würde und Edelmuth dargestellt, dass wir dem nichts weiter als unsere Freude darüber beizufügen haben. Diejenigen, die mit kaltem Gleichmuth und ekelnder Aversion den Hund von sich stossen möchten, seien darauf hingewiesen, damit sie ihre Stellung in der Schöpfung erst ganz und voll erkennen und ausfüllen lernen. Ihnen sei *Chamisso's* »Der Bettler und sein Hund« auf's wärmste empfohlen!

*Cuvier* sagt: »Der Hund ist die vollkommenste Eroberung des Menschen über die Natur.« Und so ist's auch! Der Hund theilt Leid und Freud mit seinem Herrn, er liest mit seinen klugen Augen und sofortigem Fassungsvermögen Trauer und Trübsal, Kummer und Sorgen, aber ebenso auch Freude und Lust, Glück und Fröhlichkeit aus seines Herrn Mienen ab; er weint und klagt mit ihm, leckt seine Wunden, hungert mit ihm und grämt sich um seinen entschlafenen Herrn zu Tode. Der Hund bewacht bei allem Wetter und trotz jeder Gefahr seinen Herrn und Alles, was demselben eigen oder lieb ist; er spielt mit seinen Kindern, zu deren Schutz er sich gleichsam berufen fühlt, kennt er die kleinsten doch schon am Schrei, und duldet sogar willig Schmerzen, die sie ihm zufügen, als wüsste er, — nein, er weiss es in der That, dass es noch Kinder, und dazu die Lieblinge seines Herrn und seiner ebenso von ihm treu geliebten Hausfrau sind! der Hausfrau, die ihn liebkost und, ihm unvergesslich, die Hündin im Wochenlager so sorgsam pflegte, seine Jungen liebkoste und fütterte! Und wer da meint: das sei doch wohl übertriebene Liebhaberei, der kennt Euch nicht, Ihr treuen, braven klugen Thiere, deren Liebe und Edelmuth von dem Gott ähnlich sein wollenden Menschen so oft verkannt, und meistens in blinder Selbstüberhebung mit unmenschlichem Undank gelohnt wird!

Der Hund hat rege Seelenthätigkeit, er fühlt und empfindet nicht nur, er kann lachen und weinen — er denkt, urtheilt und folgert auch. Er zeigt in seinen Handlungen Ueberlegung und Gedächtniss, er hat festen Willen, unterscheidet genau Freund und Feind, sowie das Eigenthum seines Herrn; er erkennt seinen Herrn und alle, mit denen er verkehrte, noch nach Jahren wieder, und zwar nicht nur mit Hülfe des Geruchs, sondern oftmals schon von Weitem mit den Augen von Gesicht zu Gesicht und an der ganzen Figur! Er kennt die Sprache seines Herrn und all der Seinen, sogar seinen Tritt, ja den der gesammten Hausbewohner. Er unterscheidet mit bewundernswerther Sicherheit den sauber gekleideten Fremden von dem in einfacherer und noch besser von dem in zerrissener Kleidung. Ja, *Aelian* erzählt in seinen Thiergeschichten um's Jahr 180 n. Chr., es hätten sich im Heiligthum des Hephaestos zu Aetna in Sicilien Tempelhunde befunden, deren Sagacität eine so erstaunliche gewesen, dass sie sogar den sittlichen Werth der Ankommenden zu unterscheiden im Stande gewesen wären. Sicher ist, dass der Hund oftmals viel eher als sein Herr oder die Seinen erkennt, ob Fremde sich in guter oder böser Absicht nähern. Es ist ihm schon sehr oft gelungen, sich verständlich zu machen und Alle vor grossem Ungemach oder Unheil zu schützen.

Der Hund hat eine an Modulation reiche Sprache. Man muss sie nur genau studiren und man wird sie bald verstehen lernen. Aber wer sich diese Mühe nicht nimmt, nur sonst so als Hundeherr und Hundefreund nach und nach seinen Hund kennen und verstehen lernt, auch der wird es genau hören, was sein Hund mit seiner Sprache ausdrücken will. Der Hund knurrt den Fremden und den Neckenden warnend an, doch kann sein Knurren auch eine Aufmunterung zum lustigen Spiel ausdrücken. Er bellt aus Freude, aus Zorn, sich meldend, Hülfe fordernd und Sachen seines Herrn beschützend. Er heult im Jubel des Wohlbefindens, in der Noth um sich selbst, um etwas ihm Anvertrautes, um verlorenes Glück und in böser Ahnung. Er gähnt vor lauter Wohlbehagen oder vor Ungeduld, und stösst noch so manche verschieden klingende Laute aus, die seine Gefühle und Wünsche ganz deutlich ausdrücken. Man muss sich mit seinen Hunden viel beschäftigen, dieser Umgang wird sie auf eine immer höhere Stufe der Bildung und Intelligenz bringen, sie uns immer gebrauchsfähiger und nützlicher machen, und uns selbst mit ihrem Seelenleben so vertraut machen, dass wir uns fast scheuen, Anderen davon zu erzählen, weil diese in ihrer Unkenntniss der Sache uns für Schwärmer und Hellseher halten, anstatt uns zu danken, dass wir wie die die Weltkörper studirenden Astronomen Wahrgenommenes ihnen mittheilen.

Wie hoch und edel steht der Hund da, wenn es sich um ein Unglück im Menschenleben handelt: er rettet nicht nur seinen Herrn und dessen Angehörige aus dem Schnee, aus Wasser und Feuer, sondern auch sonst in Gefahr schwebende Menschen! Wenn einen Menschen Schicksalsschläge trafen, Alle, die ihm erst geschmeichelt und geheuchelt haben, ihn verliessen — dann blieb ihm immer noch sein Hund als ebenso treuer Freund und Diener, als er es bisher gewesen. Ihn kümmert nicht Rang und Stand, Reichthum und Titel, er bleibt sich gleich in seiner Treue und Liebe. Aus Lust nach gutem Futter verlässt kein Hund seinen ärmeren Herrn, wenn derselbe es nur sonst gut mit ihm meint. Er nimmt wohl Fleisch und gute Bissen von dem Fremden, aber dann kehrt er gleich wieder zu seinem Herrn zurück, den er mit eigener Lebensgefahr vertheidigt. — Mensch, Ebenbild Gottes! kann man Dir immer solche Uneigennützigkeit, solche unerschütterliche Liebe und Treue nachrühmen?

»Thut Euere Pflicht . . . .
Und pfleget sie bis an den Tod!
Denn wie der Mensch mit Menschen hier
Und mit den Thieren umgegangen,
So wird dereinst nach dieser Frist
Er von dem Himmel auch empfangen.«

Diesen überall bekannten und allgemein geschätzten Eigenschaften des Hundes gegenüber erscheint es fast unerklärlich, dass sein Name zu einem der entehrendsten Schimpfworte, dass das Wort »hündisch« gleichbedeutend mit der denkbar grössten Erbärmlichkeit und elendesten Feigheit geworden ist. Gerade in diesen mit grossem Unrecht zu Synonymen mit »Kriecherei« degradirten Schimpfworten liegt ein neuer, liebenswürdiger Vorzug des Hundes, denn nur seinem Herrn gegenüber trägt er die ihm in den Schimpfworten zur Last gelegten unedlen Eigenschaften zur Schau, nimmt er die oft genug unverdienten Züchtigungen und Misshandlungen schweifwedelnd und mit bittenden Blicken entgegen. Sowie aber diesen Herrn ein Fremder feindselig berührt, so steht ihm der misshandelte Hund, alles, nur nicht die Liebe zu seinem Herrn vergessend, mit Muth zur Seite und schlägt ohne Zaudern sein Leben für ihn in die Schanze.

## II.
## Aufzucht des Hundes.

Die cultivirte Hündin folgt, wenn sie sich begatten will, nicht nur dem wilden Naturtriebe, vielmehr entwickelt sie dabei Geschmack und freie Wahl. Nicht jeden Hund, den man ihr bringt, nimmt sie an, und wenn er nach unseren Begriffen noch so schön und brav ist, und wenn er selbst noch so galant und stürmisch um ihre Liebe wirbt. Sie wählt! Es müsste denn die Hitze einen unbezwinglichen Grad erreicht haben, erst dann gewährt sie wohl auch dem zuerst Verschmähten den Hochgenuss der sinnlichen Liebe.

Wenn die Hündin so heiss geworden, dass sie bereits seit 2—3 Tagen färbt, dann ist die beste Zeit zum Belegen. Man bringe ihr den von uns erwählten Gatten und sperre sie zusammen, beobachte sie jedoch. Ich beobachtete oft und zutreffend: Liebelte die Hündin den Hund, der sie belegt, sofort nach dem Actus, d. h. leckte sie ihm Kopf und Fang und schmeichelte sie sich an ihn an, wie vor dem Actus er es bei ihr gethan hatte, so wurde der Beschlag mit bestem Empfange belohnt. Auf mehrmaligen Beschlag gebe ich nichts, da nach meiner Erfahrung oft schon durch die erste Begattung 8—10 Junge kräftigster Natur zur Welt gekommen sind. Das dankbare, gleichsam Anerkennung, Liebe und Lob aussprechende

Schmeicheln der soeben belegten Hündin dem etwas ermatteten Hund gegenüber ist mir ein untrügliches Zeugniss für die schönste Empfängniss geworden, darin habe ich mich noch nie getäuscht.

Während der Trächtigkeit werde die Hündin sorglich behandelt, aber nicht zu gut und nicht zu reichlich gefüttert.

Noch vor dem Wölfen und gleich nach demselben gebe man der Hündin einige Löffel Leinöl ein, damit sie sich, sollte sie sich ja etwas verletzt haben, schnell wieder erholt. Leinöl ist überhaupt für den Hund, inwendig wie äusserlich angewendet, das beste Präservativ; es muss aber reines Leinöl aus der Apotheke sein. Man gebe der Hündin also vorher, wenn sie Wehen bekommt, nicht nur Leinöl mehrmals des Tages ein, sondern man reibe ihr auch den Unterleib mit lauwarmem Leinöl ein, und sorge für ein ruhiges, trockenes, weiches und vor Licht wie vor Zug geschütztes Lager; womöglich sei es ein mit Heu gefülltes Kissen oder nur Heu in einem genügend grossen Kasten, dessen vier Seitenwände 25 cm hoch sein müssen.

Bei dem Wölfen sei man womöglich in der Nähe, denn der Hund ist durch seinen geselligen Umgang mit dem Menschen und durch eine cultivirtere Lebensweise eben auch ein Culturgeschöpf geworden, so dass er auch nur mit Schmerzen und oft unter Gefahren wirft. Das Wölfen geht nicht immer gleich gut, namentlich nicht bei stark beleibten und über 6 Jahre alten Hündinnen; oft kommen die letzten zwei Jungen erst anderen Tages nach, die Hündin hat somit bis 36 Stunden lang an Geburtsschmerzen zu leiden.

Gut ist es, der Hündin sofort nach dem Wölfen ein schmackhaftes Wochensüppchen hinzusetzen, womöglich gute saure Milch oder frische Milch, lauwarm und mit Zucker versüsst. Später am Tage und so 14 Tage fort bekomme sie kräftige Suppe: Fleischbrühe mit Gemüse, Fleischstückchen hineingeschnitten — und dann und wann einen Löffel Leinöl; ebenso kann es den Kleinen nichts schaden, wenn sie davon zur Reinigung auch einmal je einen Kaffeelöffel am zweiten Tage einbekommen.

Von den Jungen lasse man höchstens fünf Stück liegen, denn für jedes dieser Mäulchen findet sich auf jeder Unterleibseite der Mutter eine Milchwarze vor, demnach wird keine Hündin imstande sein, mehr als 5 Junge ohne Beihülfe gut zu ernähren. Man wähle nicht nach altem Brauche die aus, welche zuerst gewölft wurden, oder welche das vorderste Gesäuge suchen, oder welche die Alte zuerst in's Lager zurückträgt, sondern solche, die den braven Eltern und Ahnen äusserlich am ähnlichsten sehen, namentlich auch solche, die einen kräftigen Bau, glänzendes Haar und schönen Behang haben, denn diese sind meist gesund und dauerhaft. Da bei den nicht zur Jagdrace gehörenden Hunden, namentlich bei den Luxushunden, das Kleid viel für den Werth mitspricht, so wird man bei diesen besonders Farbe und Zeichnung berücksichtigen.

Sind ausser den 4—5 ausgewählten Hundchen noch andre gefällige bei dem Wurfe, so sorge man dafür, diese mit Kuh- und Ziegenmilch aufzuziehen, und rechne man dann pro Stück und Tag $1/4 - 1/2$ Liter Milch, die lauwarm mittelst einer Kindermilchflasche mit Gummisauger zu reichen ist.

Ausserdem ist für Reinlichkeit im Lager zu sorgen, öfters neues trockenes Heu, stets frisches Trinkwasser zu beschaffen, und es sind die jungen Hunde vor Nässe, besonders vor kalter Nässe zu schützen. Viele meinen, zeitiges Baden sei gut. Wird es mit lauwarmem Wasser und gutem Abtrocknen in Friesdecken vorgenommen, so mag es sein; sonst aber weiss ich genau, dass diejenigen jungen Hunde, die im ersten Halbjahr einigemale im Regen nass geworden waren, gewöhnlich an den Hundekinderkrankheiten zu leiden hatten und meistens dabei draufgingen. Wärme und Trockenheit sei daher die Regel im ersten Lebensvierteljahre; wo möglich, nur mit mehr Bewegung in freier Luft bei trockenem Wetter, auch noch im zweiten Vierteljahre. Die dreivierteljährigen Hunde aber führe man an flache Teiche zum »Inswassergehen«, wenn sie das später üben sollen. Ich habe sogar Dachshunde daran gewöhnt gehabt und sie wurden zu trefflichen Stöberhunden, die im flachen Röhricht und zwischen den Kaupen nach Otter, Fuchs, Marder und nach mausernden Wildenten suchten.

Nach drei Wochen muss man der säugenden Hündin dadurch das Leben erleichtern, dass man die jungen Hunde an's Fressen zu gewöhnen anfängt. Lauwarme süsse Milch mit etwas Hundekuchen, in Wasser aufgeweicht, ausgedrückt und hineingebrockt, schmeckt ihnen bald delikat. Nach 5 Wochen entwöhne man sie ganz. Viele Hündinnen dulden dann ohnedem das Säugen nicht mehr, denn die Zahnspitzen, die nun schon aus den Kinnladen hervorbrechen, verwunden sie am Gesäuge. Nun bekommen sie gewiegtes gekochtes Rindfleisch in kleinen Portionen und Milch oder Wasserbrühe mit Schmalz und eingeweichtes lufttrockenes oder ungesäuertes Brot hineingebrockt. — Die Hündin aber bekomme etwas Leinöl mit etwas Rhabarber oder Glaubersalz, um sich vom Rest der sich noch ansammelnden Milch zu säubern. Dann betupft man das Gesäuge täglich mehrmals mit einem in warmen Essig getauchten Schwamme, damit sich dasselbe wieder vollkommen zusammenzieht. Dadurch vermeidet man erstens etwaige Geschwulste und Verhärtungen und zweitens das hässliche Aussehen eines herabhängenden Gesäuges.

Will man eine heiss gewordene Hündin nicht zulassen, soll sie also »verliegen«, so wasche man den Geschlechtstheil täglich mehrmals mit kaltem Wasser und nach einigen Tagen vergeht die Hitze wieder, die im allgemeinen sehr verschieden, bei manchen nur 8, bei anderen wieder bis 22 Tage andauert. In jedem Falle verhüte man es aber, dass die Hündin mit einem Hund zusammenkommt oder einen an der Thür ihres Behältnisses merkt, sonst wird sie meist geil und die Hitze ist vor ihrem natürlichen Ende nicht zu dämpfen.

Hat eine Hündin verlegen, die im vorigen Jahr oder vor 2 oder $1\frac{1}{2}$ Jahren gewölft hat, so wird sich trotzdem ihr Gesäuge mit etwas Milch anfüllen, und auch das Thier selbst wird von den Gefühlen und von dem Wahne befangen sein, als müsse es wölfen. Sie scharrt sich dann wiederholt ein Lager, ist erregt, wimmert dabei sogar manchmal ganz leise, zittert öfters und fährt schnell mit dem Kopf nach hinten, als wolle sie das auszuschüttende Junge selbst entbinden helfen, wie sie es beim wirklichen Wölfen macht. Ich habe das bei allen Hündinnen beobachtet, doch tritt es nicht bei allen gleich stark hervor. Auch in diesem Falle, dass man die Hündin verliegen lässt, ist das Gesäuge täglich mehrmals mit einem warmen Essigschwamm zu betupfen, und man hat ihr zum Abführen Leinöl mit Rhabarber oder Glaubersalz einzugeben.

Werden junge Hunde etwa 6 Wochen alt verschickt, so wird sie die Alte kaum vermissen und bald vergessen, falls man sie nur schon von der fünften Woche an von ihr abgesperrt hatte. Wenn die Alte nach dem Entwöhnen eine Woche lang purgirt hat, muss sie noch 14 Tage lang besonders gut gefüttert und öfters gebadet werden, falls es die Witterung erlaubt.

Bei einer Unterhaltung über die Erziehung der Kinder hörte ich einmal von einer älteren hochstehenden Dame die Behauptung aufstellen: »Junge Kinder müssen behandelt und erzogen werden wie junge Hunde«. Es wird nicht Viele geben, welche diese lieblose Ansicht zu der ihrigen machen wollen; und ich möchte den Satz umkehren und sagen: »Man muss die jungen Hunde behandeln und erziehen wie kleine Kinder«, und ich werde damit der richtigen Behandlungsweise jedenfalls am Nächsten gekommen sein.

Auf die Erziehung junger Hunde kommt mehr an, als man in den meisten Fällen meint, denn sie ist massgebend für ihr ganzes Leben. Es giebt gutgezogene, verzogene und verwilderte Hunde. Die »erzogenen« sind von vortrefflichem Charakter und Temperament, sauber, folgsam, gelehrig und intelligent, brauchbar nach jeder Richtung hin und gesund. — »Verzogene« sind analog den verzogenen Schooskindern nörglich, eigensinnig, ohne Gehorsam, nur brauchbar, wenn sie selbst wollen, zimperlich, empfindlich, sowie leicht kränklich. Und »verwilderte« oder roh aufgezogene Hunde werden, sobald sie nicht bei Zeiten in gute Hände kommen und umgewandelt werden, böse Thiere, die, wenn nicht ausnahmsweise doch noch bessere Naturanlagen reagiren, nur schlechte Dienste leisten und Vorurtheile gegen das gesammte Hundegeschlecht erwecken. Darum würden Leute, die keine praktischen und theoretischen Kenntnisse besitzen und kein anderes Interesse, als den Geldgewinn dabei im Auge haben, viel besser thun, sie liessen ihre Hand davon und gäben die jungen ihnen geborenen Hunde, sobald sie entwöhnt sind, in andere Pflege, oder sie sähen davon ab, sich einen ganz jungen Hund anzuschaffen. Geschieht's, wie das häufig vorkommt, nur um den lieben Kleinen ein lebendes Spielzeug zu geben, so gehen die meisten der jungen Thiere infolge des Herumbalgens zu Grunde; oder sie werden infolge der endlosen Neckereien und Zausereien böse Canaillen, die später in ihrer Bissigkeit entweder Menschen gefährden, oder die gelegentlich von jedem Fremden sich bestechen lassen, untreu und falsch gegen den eigenen Herrn sind. Werden anderenfalls die Hunde roh und unmenschlich behandelt, schlecht und mangelhaft gefüttert und gepflegt, so entarten sie und sinken unter das Hundegeschlecht herab oder sie werden zu Bestien, die nachgerade bei jeder Gelegenheit ihre Rache an den Menschen auslassen und als sogenannte »scharfe« Hunde nur Böses anrichten.

Der Hund ist das gefühlreichste Thier, das es giebt. Die kleinste Strafe der Missachtung, ein finsterer Blick seines Herrn oder von dessen Angehörigen, oder gar ein scharfes Wort fährt dem gut erzogenen Hunde in alle Glieder; dauernde Verachtung kann ihn auf's Tiefste verletzen und kränken. Wäre der Raum dieses Buches grösser, so würden wir gern mit Beispielen dienen — und Alle, die gleich aufmerksame Beobachter und sorgsame Herren und Freunde der Hunde sind, würden uns beistimmen müssen.

Den jungen Hund gewöhne man an ein und dieselben Worte. Man spreche aber viel und oft mit ihm, das klärt seine Fassungsgabe und erweitert sein Verständniss ganz wesentlich. Man gewöhne ihn mit Ernst, und nur, wenn nöthig, mit einigen Schlägen mittelst einer leichten Gerte an Reinlichkeit und Pünktlichkeit. Man füttere ihn zu regelmässigen Zeiten, lasse ihn trinken, wenn er Bedürfniss hat, und gewöhne ihn in der Hauptsache an Gehorsam, d. h. man bringe ihm unweigerlichen Appell bei.

Nicht angekettete Hunde werden allezeit verständnissvoller und schon in ihrem Aeusseren proprer, man möchte sagen, eleganter und gebildeter erscheinen; sie werden auch ohne üblen Geruch sein, während an der Kette liegende Hunde ausdünsten und nicht so reinlich sein können, als es dem Hunde angeboren ist. In vielen Fällen war das Anketten der Hunde allein die Schuld, dass sie verrohten und so böse wurden, dass sie, nachträglich gar nicht mehr losgelassen, ein schmutzigeres und elenderes Dasein fristen mussten, als die Bestien in einer elenden Menagerie. Es lässt sich nichts dagegen sagen, dass man den Hund an seine Hütte gewöhnt und ihm daselbst sein Lager aufschlägt, dann aber sei die Hütte nicht den Sonnenstrahlen ausgesetzt, sie sei wasserdicht gedeckt, sei nicht zu klein, werde alle Wochen mit neuem Stroh oder besser Heu gehörig ausgepolstert, werde öfters mit Wasser gereinigt und etwaiger Unrath in der Nähe der Hütte werde täglich entfernt. Ausserdem fehle es nie an frischem Trinkwasser in reinlichem thönernen oder eisenglasirten Geschirr.

Abends und Nachts nützt der Hund am meisten im Vorhaus oder in der Schlafstube selbst. Er ist im Hause der Gefahr, beseitigt zu werden, nicht ausgesetzt, und schlägt, vermöge seines scharfen und genau unterscheidenden Gehörs, niemals zwecklos an, was hingegen sehr oft geschieht, wenn er im Hof und Garten sich aufhalten soll. Einestheils wird er leicht geneckt und anderestheils hört er andere Hunde bellen. Er ist aber auch selbst manchmal so schreckhaft, dass er ohne Veranlassung anschlägt.

Die Erziehung beruht in der Hauptsache auf Liebe und Ernst.

Man darf deshalb dann und wann wohl mit seinem jungen Hunde spassen, man hüte sich jedoch dabei, den Hund zu täuschen, selbst im Spiel muss er den Spass von der Unart unterscheiden lernen, wie das Kind des Menschen. Es darf nie zugegeben werden, dass er sich zu viel herausnimmt, auch dauere die Spasserei niemals lange an; dabei lehre man den jungen Hund allerlei Nützliches, gebrauche aber immer dieselben Worte, und liebkose den Hund bei jeder Kleinigkeit, die er richtig erfasste, ruhe aber auch nicht, bis er verstand, was er soll. Ist er ermüdet, so höre man mit der Lection auf, rufe ihn aber bald wieder von seinem Lager und liebkose ihn, damit er merkt, dass sein Herr ihm nicht bös ist. Umgang mit anderen Hunden oder gar Läppschereien mit fremden Personen dulde man nie. Ebenso verbiete man aber auch jede unnöthige Knurrerei, ermuntere ihn aber zur Wachsamkeit, wenn sich Abends etwas Unbekanntes regt, oder Jemand an der Thür oder den Fenstern sich zu schaffen macht.

Die Erziehung bildet zugleich bei den Hunden, die dem Menschen noch besondere Dienste leisten, die Hauptgrundlage ihres weiteren Wissens. Viele gut erzogene und bereits zu diesem und jenem angelernte Hunde bedürfen später nur noch einer speciellen Ausbildung, und auch diese wird dann eine leichte sein; wohingegen unerzogene oder verwildert aufgewachsene Hunde dem Dressirer viel Arbeit und Mühe machen, viele Prügel und Hunger leiden müssen und dennoch nur selten ausdauernd brauchbar werden. Meistens sind sie es nur so lange, als sie die Peitsche und die Korallen der sogenannten Dressirmeister sehen und fühlen, fällt diese barbarische Behandlung weg, dann werden sie trotz theurer Dressirkosten wieder unbrauchbar, sogar dem Dienste nachtheilig, den sie erfüllen sollen. Nur Wenige dieser Art gedeihen zum Guten! Als Nichtsnutze kamen sie, mit ganz wenigen Ausnahmen, nicht auf die Welt — c'est tout comme chez nous — aber die vernachlässigte, gänzlich rohe oder fehlende Erziehung, also die Menschen sind daran Schuld.

Ueber die in dieser Zeit bei den jungen Hunden auftretenden Krankheits-Erscheinungen ist in dem späteren Kapitel über Behandlung der Krankheiten der Hunde genügend Aufschluss gegeben.

## III.
## Die Pflege des erwachsenen Hundes.

Man hüte sich bei der Pflege eines Hundes mit dem Namen »Hund« einen verächtlichen Begriff zu verbinden, der leicht zu der Ansicht führen könnte, dass für einen Hund eben Alles, selbst das Geringste und Schlechteste noch gut genug sei.

Allerdings begnügt sich der Hund, selbst bei ihm zugemutheten bedeutenden Anstrengungen mit dem schlechtesten oder gar keinem Lager und mit der kärglichsten und unzureichendsten Nahrung, aber die Folgen einer derartigen Behandlung zeigen sich nur allzubald, indem der Hund fast alle seine guten Eigenschaften verliert.

Dem, was bei der Erziehung über die Abwartung und Pflege der Hunde gesagt worden ist, füge ich noch Folgendes bei, was sich auf die erwachsenen Hunde und ihre Pflege speciell bezieht: Den *Spratt'schen Patent-Fleischfibrin-Hundezwieback*, der anerkanntermaassen ein ausgezeichnetes Futtermittel bildet, haben nicht alle Hundebesitzer immer zur Hand. Derselbe ist von mir für 22 Mark pro 50 kg in plombirten Säcken ab Bahnhof Zahna zu beziehen. Dieser in England zur Hundefütterung allgemein gebräuchliche Zwieback ist aus dem Schwarzmehl und der feinen Kleie des Weizens, aus zerkleinerten Feigen und aus Muskelfleisch hergestellt und wird in handgrosse Stücke gepresst und gebacken. So ist in möglichst kleinem Volumen der möglichst grösste Nahrungsmittel-Reichthum vereinigt, da dieser Zwieback thierische sowie vegetabilische Substanzen in einem dem Hunde durchaus zusagenden Verhältnisse enthält. Auch ist's gut in den Nahrungsmitteln öfter einen Wechsel eintreten zu lassen, das ist allen Thieren einer höheren Culturstufe von Vortheil. Wie der Mensch verschiedener Speisen bedarf, um verschiedenen Organen seines Körpers die nöthige Ernährung zu bieten und um den Stoffwechsel zu befördern, so ist's auch bei dem Hunde.

Die erste Hauptsorge muss es sein, dem Hunde stets saubere von allen Säuren freie Futter- und Trinkgefässe vorzusetzen, denn Säure verdirbt ihm den Magen und rohes Futter, wie für wilde Thiere, z. B. rohes Pferdefleisch, sowie rohes oder halb verdorbenes anderes Fleisch, rohe Kartoffeln, im Wasser sauer gewordenes Brot, Grünkram und dergleichen mehr, was in einen Schweinetrog recht gut passen mag, ist nie und nimmermehr ein passendes Futter für den Hund. Rohes Fleisch, namentlich Pferdefleisch, giebt dem Hunde einen so widerlichen, penetranten Geruch, dass er damit gefüttert, kein Genosse des Menschen mehr sein kann. Abgesehen von dem ekelhaften Geruch verliert er aber auch leicht durch viel Genuss von rohem Fleisch an seiner Cultur und kommt in Gefahr, ein rohes, charakterloses und bösartiges Vieh zu werden. Und das Alles nur durch die Unkenntniss und die Unterschätzung, die ihm von dem Menschen widerfährt.

Man gebe dem Hunde stets lauwarmes, abgekochtes Futter. Das Fett oder die Zuthat darf nur von geniessbarem Fleisch entnommen und das Brot muss, wenn es gesäuertes ist, in Scheiben geschnitten erst eine Woche lang am offenen Fenster ausgetrocknet sein, ehe es in Wasser und Fleischbrühe mit Salz und Fett schmackhaft gemacht, gegeben werden darf. Solches Brot quillt stark auf und wird von den Hunden überaus gern genommen. Ferner ist eine abgekochte und wieder abgekühlte mit etwas Fett zubereitete Mehlsuppe sehr nahrhaft, ebenso Kartoffelmuss und allerhand abgekochte Winter- wie Sommergemüse, namentlich Reis und Graupen. Für Fütterung ganzer gekochter Kartoffeln bin ich nicht eingenommen, namentlich nicht, sobald solche im März wieder zu keimen beginnen, sie sind dann für Mensch und Thier, mindestens für Hunde und milchgebende Kühe, unter Umständen schädlich. Ebenso vermeide man es, junge Hunde öfters mit abgekochten Kartoffeln zu sättigen, da sie davon einen figurverderbenden Hängebauch bekommen, wohl auch triefende Augen.

Was nun die Quantität des täglichen Futters anbetrifft, so richtet sich das nach der Grösse des Hundes, nach dessen Arbeit und nach dem Appetit. Ein Hühnerhund z. B., der auch Mittags einige Gelegenheitsbissen und Abends extra ein Butter- oder Fettbrod bekommt, bedarf nur einmal des Tages einen Napf voll, der 30 bis 35 cm weit und 20 cm hoch ist. Das Futter werde stets zu ein und derselben Stunde gereicht und dafür gesorgt, dass der gesättigte Hund sich sofort danach im Freien austummele, oder wenn er vorher gearbeitet hat, danach ruhe! Mit dem Knochengeben sei man sehr vorsichtig; Röhrenknochen gebe man gar nicht, nur weiche Kalbs- oder Schweinsknochen, aber auch davon keine Röhren! Hat man dergleichen öfters, so zerschlage man sie und koche sie aus, man wird immer eine gute und kräftige Brühe an das Futter davon bekommen.

Frisches Wasser muss stets bereit stehen, aber kein abgestandenes!

Um den Appetit zu reizen, salze man das Futter stets ein wenig und will es einmal eine Zeit lang nicht so munden, so gebe man dem Hunde etwas Leinöl ein, oder mische ein wenig gestossene Eierschalen unter das Futter. Milch, namentlich etwas sauer gewordene, ist den Hunden äusserst gesund.

Ist besonders ein zum Schutz eines Gehöftes oder einer Wohnung bestimmter Hund Abends vollständig satt, so wird er den ihm anvertrauten Posten viel eifriger hüten und sich durch dargereichte Leckerbissen viel schwerer von seiner Pflicht abwendig machen lassen, als ein hungriger Hund. Man glaube nicht, dass die Verdauungsruhe die Wachsamkeit des Hundes beeinträchtige, er schläft so leise, dass ihm selbst das geringste Geräusch nicht entgeht. Im Sommer lasse man den Hund öfter baden, brauche dazu aber keine Gewalt, und wenn er nicht gutwillig in das Wasser geht oder wenn zum Baden sich keine Gelegenheit bietet, so ersetze man das Bad durch häufige Waschungen.

Das hier über die Pflege des Hundes Gesagte lässt sich kurz in die Worte zusammenfassen: Ausreichende kräftige Kost, reichliches Wasser und reinliches Lager, was besonders bei jungen Hunden zu berücksichtigen ist.

## IV.
## Die Krankheiten des Hundes.

Trotzdem ich über einige der am häufigsten vorkommenden Hundekrankheiten sprechen und die Heilmittel dafür angeben will, bemerke ich ausdrücklich, dass ich bei ernstlichen Erkrankungen der Hunde, denen übrigens bei der angegebenen Behandlung zum allergrössten Theile vorgebeugt sein wird, dringend die Zuziehung eines bewährten Thierarztes anrathe; nur da, wo ein solcher nicht leicht herbeizuschaffen ist, übernehme man die Behandlung des Patienten selbst, nur lasse man in keinem Falle den Hund viele Arzeneien verschlucken.

Das sicherste Kennzeichen für die Gesundheit des Hundes ist dessen Nase. Ist diese feucht und kalt, so ist er gesund, wird sie dagegen trocken und warm, so ist er krank, verliert sehr bald seine Munterkeit und es stellen sich trübe Augen, Appetitlosigkeit u. s. w. ein. Auch glattes, glänzendes Haar ist ein Zeichen von Gesundheit, dagegen deutet stumpfes, glanzloses Haar an, dass sich der Hund nicht wohl befindet. Oefteres Kämmen und Bürsten mit einer Wurzelbürste beugt vor und ist dem Haar und der Haut des Hundes sehr von Nutzen, so dass man auch beim Hunde sagen kann: »gut geputzt ist halb gefüttert«. Uebelbefinden macht sich auch oft durch heisse Ohrenlappen (Behang) bemerklich.

Zeigt sich ein Hund blos innerlich unpässlich, so führe man ihn in's Freie, dass er sich die ihm helfenden Gräser und Kräuter selbst suche. Will das Purgiren oder Erbrechen noch nicht recht gehen (auf Reinigung des Magens kommt es an), so helfe man mit Leinöl, Ricinusöl, Glaubersalz nach, und tritt zuerst noch keine Wirkung ein, so wiederhole man nach 2 Stunden die Gaben. Ein probates Brechmittel ist auch folgendes: für 3 Pfennig Calomel und für 10 Pfennig gestossene Jalappe mit Schweinefett zu einer Pille geformt. Hat es gewirkt, so lasse man den Patienten lauwarmes Wasser trinken und gebe ihm eine Stunde nach dem letzten Erbrechen einige Stückchen dünn geschnittenen Speck. Entweder wird nach der erfolgten Reinigung des Magens und der Eingeweide das Unwohlsein sofort gehoben sein, oder man kann nun wenigstens mit weniger

Sorge die genauere Diagnose einer etwa sich entwickelnden Krankheit abwarten.

Nach der Entleerung wird in jedem Falle die Hitze zunächst sich legen, Aengstlichkeit und Unruhe nachlassen; sollten sich jedoch bald von neuem Schmerzen einstellen und der Leib sich heiss anfühlen, so gebe man ein Clystier von Baldrianwurzel und Camillen mit Milch oder von Seifenwasser mit Milch und Oel, und reibe den Leib mit Campheröl oder Terpentinöl etwas ein, halte ihn auch warm. Dasselbe hilft auch bei *Colik*.

Ist hartnäckige *Verstopfung* eingetreten, was fast nur nach dem Genuss zu vieler Knochen geschieht, so gebe man jüngeren und kleineren Hunden stündlich einen Esslöffel voll Ricinusöl, grösseren zwei Esslöffel, und hat dies noch nicht die gewünschte Wirkung, so wird die Verabreichung von 1—2 Gramm pulverisirter Jalappe-Wurzel mit Zucker vermischt oder von 15 Gramm zerkleinerten Rhabarbers, in mageres Fleisch gehüllt, den Zweck erreichen.

Bei *Durchfall* vermeide man rohes Fleisch und gebe nur schleimige Brühe von Gersten- oder Hafergrütze und gekochtes Rindfleisch. In schlimmen Fällen reiche man Camillenthee mit Zucker und halte den Hund recht warm. Reicht auch dieses Mittel nicht aus, so gebe man zweimal täglich 0,061 Gramm Doverisches Pulver mit Zucker vermischt und auch einige Tropfen Opium auf gekochtes Rindfleisch, sowie Bouillon und Fleisch vom Schöpsenkopf und kräftiges, gekochtes trockenes Rindfleisch. Das wird meist zur Abhülfe genügen.

Bei *Husten* und *Heiserkeit*, oft vorkommenden, aber mehr lästigen als gefährlichen Erscheinungen, erfolgt die Heilung in der Regel von selbst. Halten sie aber lange an, so kann man durch Verabreichung einer schleimigen Suppe von Gerstengrütze, welcher 2 Gramm von pulverisirtem Salmiak beigemischt sind, ferner durch abgekochte Milch mit etwas Fliederblüthen und Honig oder Candiszucker die Heilung wesentlich unterstützen, nur muss es dem Hunde ziemlich warm gegeben werden und er selbst in Decken eingehüllt und warm gehalten werden. Erbricht er dabei weissen Schleim, so komme man ihm extra mit einem leichten Brechmittel zu Hülfe.

Bei *Rheumatismus* und damit verbundener *Lähmung* bewährt sich ein Abführungsmittel, sowie Einreiben der lahmen oder steifen Glieder mit Ameisen- oder Campher-Spiritus, wozu man noch etwas Holzöl oder Wachholderöl nimmt.

*Geschwüre* werden am besten mit Kalkwasser, in welchem man 45 Gramm Schwefel $^1/_4$ Stunde lang hat kochen lassen, täglich vier bis sechs Mal ausgewaschen und sodann mit reinem Leinöl eingefedert.

Bei *Verrenkungen* streiche man mit dem Daumen und suche den aus der Ordnung gekommenen Knochen wieder in die richtige Lage zu bringen, auch mache man Umschläge oder Einreibungen von warmem Essig, worin Salpeter aufgelöst ist, ebenso von Campher-Spiritus oder Opodeldoc.

Das *Verbällen* der Fussballen kommt namentlich im trocknen Sommer oder im Winter bei starkem Frost vor, wenn der Hund viel gelaufen ist, bei Hühnerhunden besonders im zu trockenen September und October. Sofort schlage man mit Essig angefeuchteten Lehm in einem Lappen um die aufgelaufenen heissen, schmerzenden Fussballen und gönne dem Hunde Ruhe. Oft kommt Linderung sogleich, manchmal muss man aber auch den Umschlag 4—5 mal erneuern. Es empfiehlt sich überhaupt, den durch vieles Laufen angestrengten Hunden gleich nach dem Zuhausekommen mit reinem Kornbranntwein oder mit gutem Rum die Füsse und Läufe bis zum Schulterblatt, respective bis zu den Keulen einmal einzureiben. Diese Maassregel stärkt die Nerven und Muskeln ganz erstaunlich.

Bei *Augenverletzungen* oder Entzündungen sind Umschläge von Fenchelwasser, auch von Goulard'schem Augenwasser sehr nützlich. Oder man bereite sich ein Augenwasser aus 1 Unze Rosenwasser und 5 Tropfen Bleiessig. Ist Erhitzung dabei, so ist ein gelindes Abführmittel nutzbringend. Bildet sich gar ein Fell auf dem Auge, so zerdrücke man ein kleines Stückchen Zucker zu Mehl und blase es durch eine Federspule in das offen gehaltene Auge; diese Procedur muss täglich einige Male vorgenommen werden und der Hund stets auf halbe Kost bei leichtem Purgiren (durch saure Milch) gesetzt sein.

Bei *Vergiftungen*, die bei dem total nutzlosen Legen von Mäusegift auf den Feldern nur gar zu häufig vorkommen, gebe man sofort ein starkes Brechmittel: 10 Gran Schwefelleber in Milch aufgelöst, oder man mache aus Brechweinstein und Schweinefett Pillen. Auch laues Seifenwasser mit Oel zum Trinken ist sehr hülfreich.

Bei dem ersten Anzeichen einer ernstlichen Krankheit aber sperre man den Hund unter Beobachtung der grössten Reinlichkeit in einen trockenen, warmen Stall und halte ihn einige Tage in kräftiger Kost, welche am zweckmässigsten aus guter Fleischbrühe mit Weissbrod und gekochtem Kalbfleisch besteht. Später gebe man ihm unter das Futter gemischt etwas Leinöl, und zwar grossen Hunden einen Esslöffel und kleinen Hunden einen halben Esslöffel voll. Bleiben die Anzeichen, so reiche man einen auf gekochtes oder rohes Rindfleisch gestreuten halben Theelöffel voll gestossenen Schwefel und nebenbei gebe man gutes Brod und Milch. Bildet sich wirklich eine ernstere Krankheit aus, so muss man möglichst die Entstehungsursache zu erforschen und diese zu beseitigen suchen.

Die gefährlichste und verbreitetste Krankheit der jungen Hunde ist:

### die Staupe (Hundeseuche oder Rotz).

Sie ist eine Krankheit, welche die jungen Hunde in ihrer Entwickelungsperiode, in der Regel vom vierten Monat ihres Lebens an bis zum neunten befällt, und besteht in einer mit Fieber verbundenen Entzündung der Schleimhäute in den Athmungsorganen. Die Kennzeichen sind: Verminderte Munterkeit, Niesen, schleimige Absonderung in den Augenwinkeln und aus den Nasenlöchern. Im höheren Stadium der Krankheit lässt der Hund den Kopf hängen, wird harthörig, matt und hinfällig, fiebert stark und zittert an allen Gliedern. Die Nase wird heiss, und zäher, eitriger Schleim quillt aus den Nasenlöchern, die Entleerungen aus dem Mastdarm werden seltener und es tritt schliesslich Verstopfung ein. Heilung der Krankheit ist nur möglich, wenn gleich bei ihrem Beginn energisch dagegen eingeschritten wird.

Durch eine grosse Anzahl von Versuchen, die ich gemacht, habe ich als einziges Mittel gegen die Staupe die Lebenserhaltungspillen für Hunde: »Life preservers pills for dogs« kennen gelernt, welche, wenn sie zeitig genug angewendet werden, regelmässig Heilung verschaffen. Von diesen Pillen gebe man dem jüngeren Hunde alle zwei Tage und dem älteren alle Tage eine, was in der Weise geschieht, dass man ihm das Maul öffnet und die Pille möglichst tief in den Rachen hineinschiebt oder wirft und dann das Maul einige Secunden zuhält, bis die Pille verschluckt ist. Ausserdem gebe man von dem Pulver, in welchem die Pillen in der Büchse liegen, dem Hunde täglich eine Messerspitze voll und streue täglich dem jüngeren Hunde 0,06 Gramm und dem älteren 0,12 Gramm Brechweinstein auf die Zunge, auch gebe man hinreichend frisches Trinkwasser. Zeigt sich Nasenauslauf oder Verstopfung, oder beides zugleich, so muss der Hund täglich dreimal einen Esslöffel Ricinusöl bekommen, und wird dadurch die Verstopfung noch nicht gehoben, so gebe man dem Patienten 10 Gramm zerschnittenen Rhabarber in mageres Fleisch gehüllt. Diese Behandlung wird in den allermeisten Fällen die Krankheit heben, und ist dann der Hund für alle Zeit von ihr und von der Disposition dazu befreit. Von dem ersten Anzeichen der Staupe bis zur Zeit der eintretenden Besserung, welche sich durch Klarwerden der Augen kenntlich macht, gebe man dem kleineren Hunde täglich einen kleinen Esslöffel voll Leinöl und dem grösseren einen grossen Esslöffel. Dieses Leinöl kann nach einigen Tagen durch Leberthran ersetzt werden.

Während der Krankheit und Reconvalescenz ist gekochtes Rind-, Kalb- und auch Hammelfleisch die geeignetste Nahrung für den Patienten. Auch ist täglich mehrere Male für frisches Wasser in reichlicher Menge zu sorgen und der Hund hauptsächlich vor nassen Füssen zu schützen. Ebenso muss für ein reinliches, oft erneuertes Strohlager gesorgt werden.

## Die Räude.

Dieselbe ist oft eine hartnäckige Krankheit und zeigt sich als ein schorfartiger Ausschlag auf der stellenweis kahl gewordenen Haut. Sie entsteht zumeist durch zu fettes oder zu salziges Futter, schlechtes Wasser oder auch durch Mangel an Bewegung und Reinlichkeit.

Zeigt sich die Krankheit, was dadurch zu erkennen ist, dass der Hund sich einzelne Hautstellen wund leckt, so beseitige man vor allen Dingen die Ursachen derselben, sorge für ein reinliches Lager und reiche eine knappe, aber trotzdem kräftige Kost. Die vom Hunde beleckten und auch die anderen verdächtigen Stellen sind täglich einmal mit einer gleichtheiligen Mischung von Holztheer und Leinöl einzureiben.

Oft genügen schon, wenn die Krankheit zeitig genug bemerkt wird, tägliche Waschungen der kranken Stellen mit grüner Seife. Ist nun die Krankheit schon weiter vorgeschritten und hat dieselbe sich schon auf dem Körper weiter verbreitet, oder zeigt sich auf den kranken Stellen eine lymphartige feuchte Ausschwitzung, so ist neben der oben angeführten Behandlung durch abführende und abtreibende Mittel einzugreifen. Ersteres wird durch gereichte zwei Esslöffel voll Ricinusöl und letzteres durch eine stark durch Zucker versüsste Abkochung von Wachholderbeeren zu erreichen sein. Durch eine grössere Vernachlässigung der Krankheit bildet sich unter der Borke die Krätzmilbe aus, wodurch die Krankheit ansteckend wird. Hier helfen nur sorgfältige Petroleumwaschungen. Der Hund wird tüchtig mit erwärmtem Petroleum gewaschen, Tags darauf in Seifenwasser sorgfältig gebadet und dann in Decken gehüllt, welches Verfahren, wenn es nöthig sein sollte, nach zweitägiger Ruhe wiederholt werden muss. Bei den Petroleumwaschungen ist darauf zu achten, dass der Hund keinem Lichte zu nahe kommt, da sonst ein Unglück entstehen könnte.

## Der Ohrwurm,

irrthümlich Ohrenkrebs genannt, kommt nur bei langohrigen Hunden vor. Die Krankheit zeigt sich durch das Auftreten kleiner Geschwüre am Ohrmuschelrande und ist deshalb langwierig, weil durch fortwährendes Kratzen und Anschlagen der Ohren beim Schütteln des Kopfes die Heilung sehr gehemmt wird. Ein Specificum gegen diese Krankheit ist das »Huile balsamique«, welches von mir à Flacon Mark 3.— zu beziehen ist. Doch genügen oft schon lauwarme Waschungen der wunden Stellen mit einem Aufguss von Malvenkraut (Herba Malvae rotundifoliae). Die Heilung wird wesentlich beschleunigt, wenn man die Ohren durch eine Bandage von Leinen oder Lederstreifen vor dem Anschlagen schützt.

## Die Hunds- oder Tollwuth (Wasserscheu).

Meiner unmaassgeblichen Ansicht nach kommt diese Krankheit sehr selten vor und stehen die Fälle wohl ihrer Zahl nach in keinem Verhältniss zu dem vielen Geschrei, welches durch diese Krankheit entsteht. Ich habe trotz meiner grossen, langjährigen Praxis und trotzdem ich fast alle Hundeausstellungen besucht und selbst eine Kavillerei in Pacht habe, zu welcher schon vielfach Hunde zur Beobachtung und Obduction gebracht worden sind, noch keinen tollen Hund gesehen, viel weniger behandelt.

Die sogenannten Gehirnkrämpfe mögen im allgemeinen für Tollwuth gelten, denn bei dieser Krankheit schnappt der Hund um sich, läuft immer gerade darauf los und verzehrt Gegenstände, welche er sonst nicht zu seiner Nahrung wählen würde.

Die Bisse eines solchen Hundes sind schon durch Einreiben mit starkem Kornbranntwein und noch besser mit verdünnter Karbolsäure unschädlich zu machen.

Diese Krankheit ist fast durchgängig durch kalte Douchen auf den Kopf geheilt worden und diejenigen Hunde, welche, nachdem sie von einem kranken Hunde gebissen worden waren, gleich mit verdünnter Karbolsäure eingerieben wurden, sind von der Krankheit nicht befallen worden.

Da es nicht ausgeschlossen ist, dass die Tollwuth unter den Hunden wirklich vorkommt und dass Menschen gebissen werden, so will ich meinen geehrten Lesern die mir als wirksam bekannten Mittel nicht vorenthalten.

Die Russische Regierung macht bekannt, dass der Geheime Medicinal-Rath *Bünson* in *Petersburg* bei 80 vorgekommenen Tollwuthanfällen siebentägige russische Dampfbäder von 46—50 Grad Réaumur mit grossem und sehr günstigem Erfolge angewendet hat. Ferner brachte vor einigen Jahren eine Jagd-Zeitung die Notiz, dass bei Tollwuthfällen Knoblauch anzuwenden sei, indem man die Wunde sofort mit Knoblauchssaft oder Knoblauchsspiritus einreibt und auch den Knoblauch selbst isst. Letzteres wird als Radikal-Mittel angeführt.

Die neuesten Fachblätter empfehlen noch ein Mittel, welches, wenn es vor Ausbruch des ersten Wuthanfalles angewendet wird, unbedingt heilsam wirken soll. Es ist dies eine Abkochung von Stechapfelblättern. (Datura stramonium. L.) Dies Mittel ist Jedermann leicht zugänglich und bei der nöthigen Vorsicht auch nicht schädlich.

## V.
# Schmarotzer.

Alle Hunde sind mehr oder weniger von Schmarotzern geplagt, deren Vertilgung um so schwieriger wird, je lang- und dichthaariger der Hund ist.

## Läuse und Flöhe

entfernt man, wenn sie noch nicht überhand genommen haben, oft schon dadurch, dass man unter das Strohlager des Hundes eine Schicht Asche bringt. Reinlichkeit thut auch hier das Meiste, kurzhaarige Hunde müssen öfter gekämmt, und langhaarige öfter gewaschen werden, wobei es sehr zu empfehlen ist, dass dem Wasser Soda-Laugensalz beigemischt wird. Derartige Waschungen dürfen aber nur zuverlässigen Personen überlassen werden, denn man muss sehr darauf bedacht sein, dass von dem Wasser dem Hunde nichts in die Augen kommt, und dass der Hund nachher mit reinem Wasser abgespült wird.

Einreibungen mit gutem, unverfälschtem persischen Insectenpulver genügen auch, wenn das Ungeziefer noch nicht zu mächtig geworden ist. Hilft dies nicht mehr, so empfehle ich die Petroleumwaschungen, wie ich sie bei der Behandlung der Räude angeführt habe, und der Hund wird auf lange Zeit von seinen Peinigern befreit bleiben.

Höchst lästige Schmarotzer, welchen hauptsächlich die Jagdhunde verfallen, sind

## die Zecken,

welche sich mit den Widerhaken ihres Saugrüssels tief in die Haut einbohren und sich so voll Blut saugen, dass sie den Umfang einer kleinen Bohne erreichen und deshalb dann leicht entfernt werden können. Dies ist jedoch nicht zu empfehlen, da die Köpfe der Zecken in der Haut stecken bleiben und dann herausschwären müssen, was dem armen Hunde viele Schmerzen bereitet.

Bemerkt man an dem Hunde Zecken, so bestreiche man die weit hervorstehenden, angeschwollenen Leiber mit Tabakssaft oder Oel, und die Zecken werden, da die am Hintertheil befindlichen Athmungswerkzeuge dadurch verstopft werden, bald von selbst abfallen.

Schwieriger sind

## die Würmer

zu beseitigen. Am häufigsten sind die Jagdhunde von dem grössten der Eingeweidewürmer, dem Bandwurm, heimgesucht, da sie am meisten Gelegenheit haben, Fleisch oder Eingeweide von Hasen und Kaninchen zu fressen, worin oft die Finnen sind, aus welchen der Bandwurm entsteht.

Bemerkt man, dass bei dem Hunde immer, ein Fingerglied lange, weisse Stücke abgehen, so kann man als sicher annehmen, dass er den Bandwurm hat, und es ist dann in beiderseitigem Interesse nöthig, die Beseitigung dieses Schmarotzers zu bewirken. Allgemein angewandt wird pulverisirte Kussoblüthe, welche Hundebesitzern gegen Ausstellung eines Giftscheines in den Apotheken verabreicht wird.

Man nehme je nach der Grösse des Hundes 10—30 Gramm Kusso, welche mit der gleichen Quantität Mehl und ein wenig Wasser zu einem festen Teig zusammengeknetet werden. Aus diesem Teige bilde man Pillen, welche der Grösse des Hundes entsprechend sein müssen. Diese Pillen werden ihm, nachdem er wenigstens 12 Stunden lang nichts zu fressen bekommen hat, ebenso eingegeben, wie es bei der Behandlung der Staupe angegeben ist.

Nach Verlauf von 2 Stunden werden einige eingegebene Löffel Ricinusöl die Entfernung des nun getödteten Bandwurmes bewirken.

Die Verabreichung dieses Mittels in Pillenform muss deshalb empfohlen werden, weil es seines widerlichen Geschmackes wegen nicht leicht in einer anderen Form genommen wird.

Ist Jemand in der Lage es erhalten zu können, so ist das Kamalopulver noch vor dem Kussopulver zu empfehlen, weil davon schon 6—15 Gramm genügen, um den Bandwurm zu vertreiben, und weil es seiner Geschmacklosigkeit wegen dem Hunde leicht in Milch gemengt beigebracht werden kann. Ein kürzlich bekannt gewordenes Wurmmittel sind auch noch pulverisirte Areka-Nüsse, welche von dem Apotheker *Schöneweg, Duttweiler* bei Saarbrücken, für 1—2 Mark je nach der Grösse des Hundes bezogen werden können.

Gegen die Spulwürmer und Askariden ist gestossener Zittwersamen, dreimal täglich ein halber Theelöffel bis zu einem ganzen, je nach der Grösse des Hundes, zu empfehlen.

## VI.
## Das Coupiren der Ohren und Ruthe.

Eine Ulmer Dogge, selbst wenn sie noch so edle Formen hat, deren Ohren aber schlecht oder gar nicht coupirt sind, wird nicht dieselbe Beachtung finden, als ein weniger schöner Hund, dem die Ohren regelrecht coupirt sind und der sie schön trägt.

Es sind die katzen- oder fuchsartig stehenden Ohren die Zierde für den Kopf resp. den ganzen Hund, darum ist es ganz besonders zu empfehlen, von geübter Hand diese Operation vornehmen zu lassen oder mit Sorgfalt und Vorsicht dabei zu verfahren.

Es ist zunächst zu beobachten, dass die beiden Ohren ganz egal, aber auch richtig verschnitten werden, sodann, dass die Operation so schnell als möglich beendet wird und ferner, dass die Ohren eine gute Stellung er- und behalten.

Zum Coupiren der Ohren bedient man sich, namentlich bei grösseren Hunden, zweier Klammern, bestehend aus 2 kleinen Eisenstangen, von  denen an der einen  2 Schrauben angebracht sind, während die andere an derselben Stelle 2 Löcher hat, so dass die Schrauben, wenn beide Theile übereinander gelegt werden, hindurch gehen.

Die Entfernung der beiden Schrauben  muss so weit sein, dass das Ohr bequem hindurch geht.

Die beiden Klammern lassen sich durch eine Schraube fest zusammendrücken.

Man legt nun diese Klammern von hinten nach vorn (s. Abbildung) an, misst mit einem Zirkel die Entfernung an beiden Ohren von dem Ohransatz bis zu der Stelle, wo der Schnitt gemacht werden soll, genau ab, schraubt die Klammern etwas fest zusammen und schneidet dann mit einem dazu geeigneten sehr scharfen Messer unterhalb der Klammern die Lappen durch.

Hierauf werden nun die Ohren mit Zwirn mittelst einer Nadel über dem Kopf zusammengeheftet (s. Abbildung) und die wunden Stellen mit verdünntem Carbol bepinselt.

Eine andere Methode, die Ohren zum Stehen zu bringen, ist: Man hält einen Tiegel mit flüssig gemachtem Kolophonium während des Coupirens bereit, ebenso zwei steife Lederstreifen, welche man unmittelbar, nachdem der Schnitt erfolgt ist, in das Kolophonium taucht und an die Rückseite der Ohren heftet. Es ist zu beachten, dass die Lederstreifen ungefähr die Grösse des stehenbleibenden Ohres haben, dann wird das Ohr die Stellung und Haltung bekommen, in der es bleiben soll. Sowohl Lederstreifen als Faden müssen ca. 6—8 Tage daran bleiben.

In dieser Zeit ist nun die Wunde sehr rein zu halten, um ein Zusammenwachsen oder Verkrüppeln zu vermeiden und zwar muss namentlich der sich bildende Schorf durch warmes Oel erweicht und losgelöst werden.

Die Ruthe kann man mit einem scharfen Messer coupiren. Es ist dies einfacher als bei den Ohren. Man bindet das Glied vor der Stelle, an der man die Amputation vorzunehmen gedenkt, ab, indem man einen Faden darum legt und sehr straff anzieht, dann schneidet man zwischen den Wirbeln durch und bepinselt die Wunde mit verdünntem Carbol.

Bei Pinschern und ähnlichen kleinen Hunden coupirt man die Ohren am besten mit einer scharfen Scheere ohne Klammern.

## VII.
## Dressur.

Um den von mir zum Verkauf gestellten Jagdhunden eine allen Ansprüchen entsprechende Dressur geben zu können, habe ich die grössten Opfer nicht gescheut. Ich habe für hohe Pachtpreise ausgedehnte Jagden gepachtet und unterhalte stets Jäger, welche die Hunde abführen; diese Dressur ist wohl hauptsächlich der Grund, dass aus allen Theilen der bewohnten Erde nach meinen Jagdhunden Nachfrage gehalten wird.

Die Dressur zur Jagd selbst erfordert nicht allein eine genaue Kenntniss der Jagd und der dabei vorkommenden Wechselfälle, sondern sie bedingt auch, dass der Führer des Hundes auf alle individuellen Eigenthümlichkeiten des letzteren genau achtet und dieselben berücksichtigt. Diese Fertigkeiten können nur durch eine langjährige Praxis erworben werden, weshalb ich dringend davon abmahne, die Dressur eines Jagdhundes selbst übernehmen zu wollen, sondern es ist dieselbe einem bewährten Jäger zu überlassen. Es würde dann mancher brave Jagdhund, der sein ohnehin nicht freudenvolles Dasein vor dem Hundewagen beschliessen muss, auf dem Felde der Ehre zu hohem Ansehen gelangen, und mancher gute Hund würde der Jagd erhalten bleiben.

Allerdings giebt es Leute, die da meinen, wenn sie einigen Hunden ein paar Kunststücke beigebracht haben, sie seien Dressirmeister; andere wieder, die sich mehr damit beschäftigten, Schutzhunde auf den Mann und Luxushunde auf Spielereien zu dressiren, meinen, es sei ihnen ebenso ein Leichtes, die verschiedenen Jagdhunde auf ihre verschiedenen Arbeiten zu dressiren. Nun ja, einem Luxushunde, gross oder klein, allerhand nützliche und unterhaltende Leistungen beizubringen, ist nicht schwer. Wer Hundefreund ist, und nur einigermaassen die Hundecharaktere kennt, Geduld besitzt und selbst Geschick zum Anlernen hat, der kann darin sogar Erstaunliches erzielen, was zu bewundern man öfter Gelegenheit hat. Ich kenne Fälle, und Andere gewiss auch, wo sogar intelligente Kinder den Hund, mit dem sie stets umgingen und der ebenfalls aufgeweckt war, ganz bewundernswerthe Sachen gelehrt haben. Und wie viele sogenannte »dressirte Hunde« kann man bei Schaustellungen sehen, die ganz Enormes leisten und die meist nur einen Dressirmeister hatten, der aus Liebe und Interesse zu ihrer Gelehrigkeit sich selbst die grösste Mühe gab, sie zu wahren Künstlern auszubilden — der aber auch nur erst sein »erstes Debüt« als Hundedressirer damit gab. Auf die sogenannten Dressirmeister, die wie die Thierbändiger sich brüsten, jedweden Hund alles nur Mögliche zu lehren, gebe ich nichts! Man muss sie nur kennen und ihre Schüler dazu.

Wer Jagdhunde dressiren, besser gesagt: abführen will, der muss selbst ferner Jäger sein, mindestens muss er die Jagden und die Mithülfe, die dabei von einem guten Hunde verlangt wird, ganz gründlich verstehen. Einen Vorstehhund zur Hühnersuche und zum Apportiren eines Hasen so abzuführen, dass er die Censur verdient: »fermer Sucher, fester Vorsteher und dabei auch zuverlässiger Apporteur«, das ist schon eine Arbeit, der nur ein zum Dressiren beanlagter und selbst fermer Jäger der Niederjagd gewachsen ist, selbst wenn der Hund gut beanlagt und intelligent genannt werden kann.

Zu einem fermen Hühnerhunde, wenn er »Gebrauchshund« sein soll, gehört aber noch mehr, und dieses »mehr« ist sogar noch sehr dehnbar! Der Hühnerhund soll guter »Feldarbeiter« sein; ebenso aber auch im Walde ein vorsichtiger und doch flotter Hund, der womöglich die Bracke und den Schweisshund ersetzt, also auch ein zuverlässiger »Waldarbeiter«; er soll drittens zu jeder Zeit in das Wasser gehen, darin emsig suchen und daraus apportiren, also auch »Wasserarbeiter« sein. Er soll das junge Feld- oder Waldhuhn, die Schnepfe wie die junge Wildente zart fassen und halten. Ferner soll er aber auch den Hasen, der im dichten Walde vor ihm aufsteht, dem Jäger zutreiben und das krankgeschossene Reh oder Rothwild greifen oder verbellen. Ebenso soll er endlich scharf auf den krankgeschossenen Fuchs und Marder sein, und womöglich auch den Otter mit Bravour fassen und zusammendrücken, dass die Knochen krachen.

Wenn nun auch viele solche Hunde angepriesen werden, so steht es doch fest, dass es deren nur wenige giebt. Demnach »Hut ab« vor solchem Dressirmeister, an dessen Leistungen man den fermen und meisterlichen Jäger erkennt.

In jedem Falle muss derjenige, der Hunde dressiren will, das Lehrfach, das sie lernen sollen, selbst aus dem »ff« verstehen — muss ein Hundekenner und Hundefreund sein — muss ein ruhiges Temperament mit Geduld und Ausdauer besitzen, so dass er sich durch nichts in Hitze bringen lässt.

Diese hier angeführten Mittel und Wege, Grundzüge und Bedingungen sind sicherlich mehr geeignet, über das Dressiren im Allgemeinen ein klares, belehrendes Bild zu geben, als die mechanischen Beschreibungen, was ein Dressirmeister alles nach einander mit dem oder jenem Hunde vornehmen muss. Diese Specialitäten folgen später bei den zu dressirenden, einzelnen Racen, aber auch da nur im Allgemeinen und prägnant beschrieben.

Die Zimmerdressur bietet durchaus keine Schwierigkeiten und hat das Angenehme, eine nützliche Unterhaltung zu sein. Vor allen Dingen hüte man sich vor dem grossen Fehler, zu zeitig, d. h. bevor der Hund neun Monate alt ist, mit der Dressur zu beginnen, denn bis dahin entwickelt sich der junge Hund noch und es würde ihm sehr schaden, wenn er durch verkehrte Behandlung in dieser Entwickelung gestört werden würde. Neben der Stubenreinheit ist das Erste und Nothwendigste, was dem Hunde beigebracht werden muss, der

## Appell.

Der Hund muss ohne Zögern dem Ruf oder Pfiff seines Herrn oder desjenigen, der ihn führt, folgen. Um ihm dies beizubringen, legt man ihn an eine ziemlich lange Leine und holt ihn vermittelst derselben, nachdem man ihn beim Namen gerufen oder ihm gepfiffen hat, zuerst langsam, später schneller, an sich heran, und wiederholt dies so oft, bis er auch ohne das Anziehen der Leine dem Rufe folgt; thut er dies, so belobe man ihn durch Streicheln und durch die Verabreichung eines Stückes Fleisches. Ist der Hund dagegen störrisch, so belehre man ihn über die Nutzlosigkeit seines Widerstandes dadurch, dass man an der Leine kräftig ruckt und, wenn dies nichts hilft, ihn damit zu sich heran zieht. Ist man der Ueberzeugung, dass er begriffen hat, was er soll, so darf man ihm nicht den geringsten Ungehorsam durchgehen lassen, folgt er dem Rufe oder Pfiffe nicht augenblicklich, so muss er leicht, und bei grösserem Ungehorsam energisch gezüchtigt werden, wobei ihm der Ruf oder Pfiff in kurzen Pausen wiederholt werden muss. Das Brechen des Ungehorsams ist überhaupt zur ganzen Dressur des Hundes nöthig, welche nur gut durchgeführt werden kann, wenn er sich unter allen Umständen dem Willen seines Herrn fügt.

Hat der Hund nun den nöthigen Appell, so gehe man zu dem

## Springen

über. Man lässt durch einen Gehilfen einen Stock so hoch halten, dass der Hund weder unter demselben durchkriechen noch auch ihn umgehen kann. Nun stellt man sich auf der einen und den Hund auf der anderen Seite des Stockes auf und bietet ihm plötzlich mit dem Rufe »Hopp!« ein Stück Fleisch an, nach welchem er, den Stock dabei überspringend, schnappen wird. Anfangs muss man ihm zum Lohne das Fleisch auch stets überlassen, denn sonst würde er wenig Lust zu dem immerhin anstrengenden Vergnügen verspüren.

Nach und nach hält man den Stock höher, und hat sich der Hund einmal an das »Hopp!« gewöhnt, so wird er auch willig jedes andere Hinderniss überwinden.

Von dem Springen gehe man nun auf das

## Apportiren

über, was schon schwieriger zu lehren ist. Man beginnt damit, dass man den Hund einen etwa 4 cm starken und 25 cm langen Stock aufnehmen lässt. Man drücke zu diesem Zwecke seinen Kopf auf den Stock nieder, greife ihm von oben hinter den Eckzähnen in das Maul, um ihm zum Oeffnen desselben zu zwingen, und schiebe ihm den Stock mit dem Worte »Fass!« in das Maul, welches man dann mit der Hand schliesst und zuhält. Nach einiger Zeit lässt man die Hand los und nimmt den Stock mit dem Worte »Aus!« aus dem Maule wieder heraus. Lässt der Hund den Stock nicht leicht los, so reibt man denselben gegen das Zahnfleisch oder dreht das Halsband zu, wobei das Wort »Aus!« nicht vergessen werden darf. Hat er dies begriffen, so wirft man den Stock erst kurze, dann weitere Strecken weg, und weist den Hund mit dem Worte »Apport!« an, denselben zu holen. Um ihm dies Alles beizubringen, bedarf es verschiedener Lehrstunden und man verabsäume ja nicht beim Beginn einer jeden neuen Lection das vorher Durchgenommene zu wiederholen.

Soll der Hund aus dem Wasser apportiren, so hüte man sich, wenn er anfangs nicht gutwillig in das Wasser geht, Gewalt anzuwenden und ihn hinein zu werfen, weil ihm dadurch das Wasser so verleidet wird, dass er nachher gar nicht mehr hinein geht. Hat also der Hund von Anfang an Abneigung gegen das Wasser, so lege man den zu apportirenden Stock dem Ufer so nahe, dass er ihn herausholen kann, ohne sich die Füsse nass zu machen. Zollweis geht man dann, möglichst ohne Gewalt anzuwenden, weiter, bis er erst mit den Vorderfüssen, dann mit den Hinterfüssen und zuletzt mit dem ganzen Körper in das Wasser geht und nach dem Stocke schwimmt.

Ist nun dem Hunde das Apportiren gründlich beigebracht worden, dann kann man zu der letzten Disciplin, dem

## Suchen

übergehen, wozu man sich beim Beginn auch des Apportirstockes bedienen kann. Man geht mit dem Hunde unter Wind und lässt den Stock nach wenigen Schritten fallen. Hierauf wendet man sich mit ihm gegen den Wind, führt ihn mit den Worten »Such verloren!« zum Stock und lässt ihn diesen unter dem Kommando »Apport!« aufnehmen und bringen. Der Hund wird bald dahin kommen, dass er den Stock allein auf das Kommando »Such verloren!« holt, ohne dass er hingeführt wird. Dann dehnt man die abzusuchenden Entfernungen immer weiter aus und wechselt auch die zu suchenden Gegenstände in einer dem Zwecke entsprechenden Weise.

## VIII.
# Die Dressur auf den Mann.

Ueber diese Dressur giebt es noch keinerlei theoretische Anweisung, trotzdem viele Dressirmeister existiren, die sich damit beschäftigen. Weder in den betr. Buchhändler-Catalogen, noch in irgend einem Fachjournale ist eingehend von einer Dressur des Hundes auf den Mann die Rede, mindestens nicht in systematischer Weise. Ich kenne viele Dressirmeister persönlich und hospitirte bei ihren Dressir-Unterrichten öfters, erfuhr auch von diesem und jenem so manchen Kunst-»Avec«, aber gelesen habe ich über eine »systematische Dressurmethode auf den Mann« noch nie eine Zeile!

Soviel mir bekannt wurde, dressirte jeder nach seiner Weise und seinen empirischen Kenntnissen — und jeder erreichte mehr oder minder sein Ziel. Ich kenne nur einen alten erprobten Dressirmeister, der seine Jagdhunde: Vorsteher, Apporteur, Schweisshund, Saufinder, Saupacker, Wasserhund und Dachshund nach einem alten System überhaupt anlernte, und der ebenso aus einer uralten, ihm übermittelten Anweisung schöpfte, um grössere Hunde, wie Saupacker und Doggen, auf den Mann zu dressiren. Da ich nach diesem System selbst einige deutsche Doggen dressirte, die sich jahrelang bewährt haben, so will ich das Rezept veröffentlichen und zwar so kurz und fasslich, wie nur irgend möglich; denn Dressirmeister, Hundezüchter und Jäger lieben ja beim Lesen und Sprechen die prägnante Kürze.

Hunde, die auf den Mann dressirt werden sollen, können nur starken Hunderacen angehören, es müssen also Leonberger, Berghunde, Neufundländer, deutsche Doggen, Bulldoggen und polnische rauhhaarige Wasserhunde sein.

Das im Allgemeinen zur Dressur Nöthige gilt auch bei dieser Dressur: Der betr. Hund muss mindestens $3/4$ Jahre alt sein, muss die Staupe hinter sich haben oder kein Anzeichen derselben an sich tragen. Hündinnen dürfen nicht heiss sein und müssen das Wölfen 10—12 Wochen hinter sich haben. Scharfe, aber nicht bösartige Hunde eignen sich am besten zur Dressur auf den Mann. Acht Tage lang vor dem Anfang dazu muss der betr. Hund angebunden sein und darf in der Zeit *nur vom Dressirer* gefüttert werden, der sich dem jungen Hunde stets in einer und derselben Bekleidung zeigen muss. Von einer Parforce-Dressur mit Prügeln härtester Art, mit Zerren und Reissen am Korallenhalsband, Hungern u. s. w., wie sie ehedem wohl beliebt wurde, kann bei meiner Anschauung von der Gewalt des Menschen über alles Gethier hier keine Rede sein! Hiebe mit einer starken Reitgerte (nicht Hundepeitsche) sind dagegen nicht ausgeschlossen; auch Warten auf's Futter bestimmt manchen Hund zur unbedingten Folgsamkeit; sonst aber muss die sichtbare Energie und Geduld, der unbeugsame Wille des Dressirers auch den härtesten Hundecharakter oder das trotzigste Hunde-Temperament sich unterthan machen. Darin, und in der gründlichen Seelenkenntniss der Thiere liegt die Macht des Dressirers, sein »Fermsein« zur Dressur der Hunde!

Die Verschiedenheit der Temperamente der Hunde möge aber gleichfalls nicht unbeachtet bleiben. Ein weicher, mehr gutmüthiger Hund, der das Streicheln jedes Fremden sich gefallen lässt, ja für dieses Liebeln sogar eine dankbare Freude zeigt, ist gewiss jedem Hundefreunde lieb und werth, zur »Manndressur« aber wird er nimmer taugen. Dagegen ein ernster, gegen jeden Fremden mürrischer und sich reservirt haltender Hund, der jedem Liebeln (ohne Böses zu thun) entschieden ausweicht, auch keine dargebotenen Bissen aus einer fremden Hand nimmt, und wäre der Fremde auch schon öfters im Geschäfte oder im Hause gewesen; ein Hund, der seinem Herrn unbedingt folgt, sonst aber jedem Anderen ernst entgegentritt, der ihn kommandiren will — das ist der richtige Hund zur Manndressur!

Es ist nun ein leerer Raum (eine Tenne oder Bude) nöthig, der oben gedeckt ist, aber so, dass ein Mann auf Pfosten hin und her gehen kann, um eine Figur an der Leine oder an Draht, wie in einem grossen Puppentheater, von oben aus dirigiren zu können. Ausserdem muss der leere Raum an einer Seite einen Verschlag haben, der einen Vorraum repräsentirt.

Ferner muss man eine gute Strohpuppe mit einem vollen eleganten Anzug und weiter mit einer Arbeiter-Kleidung haben. Der Figur darf auch eine Gesichtsmaske nebst Hut oder zerlumpter Mütze nicht fehlen, und zwar müssen ihr verschiedene Männer-Masken mit und ohne Bart, sowie Frauenzimmer-Masken mit Kopftuch oder Haube aufgesetzt werden können.

Bei der Dressur müssen stets zwei Personen thätig sein. Mitunter (besser noch allemal) muss auch eine lebende Person mit Bauchkissen, Brustkissen, Fausthandschuhen bis zum halben Arm hinauf und mit ebenso dick mit Watte gepolsterten Beinkissen, sowie mit einer Drahtmaske vor dem Gesichte, zuletzt den Mann spielen, den der dressirte Hund zurückhalten, stellen und packen soll.

Hat der Hund beim Ausführen schon Appell und treuen, sofortigen Gehorsam gegen seinen Dressirer im Allgemeinen bewiesen, so kann die specielle Dressur beginnen.

Im Anfang nimmt man den Hund an die Leine und geht mit demselben auf einem abgelegenen Wege spazieren, auf dem man mit seinem Gehilfen zusammentrifft. Diesem darf der Hund nicht gerade zugethan sein, wenn er ihn auch kennen sollte. Immer wieder begegnet man diesem Gehilfen auf dem Wege, wo man in der Dämmerstunde, bis es ganz dunkel ist, auf und ab geht. Der Gehilfe muss dann verschieden angekleidet erscheinen: er muss einmal Hut, ein ander Mal Mütze, abwechselnd Bart, Schürze, Mantel tragen, damit der Hund ihn nicht erkennt. Dieser wird dabei an der Leine geführt und vorher, wenn der Gehilfe sich nähert, auf ihn aufmerksam gemacht, aber fest zurückgehalten; auch darf er nicht mehr bellen oder knurren, wenn jener ganz herankommt und der Dressirer, den Hund an der Leine, mit demselben spricht. Womöglich muss der Gehilfe dabei seine Stimme verstellen, damit es so scheint, als begegne man stets einer andern Person. Man wechselt nur wenige Worte und geht wieder auseinander. Ist das an einigen Abenden je 4—6 mal so geschehen, so muss der Gehilfe nunmehr seinen Wollpanzer anlegen und dem Dressirer wieder begegnen. Er muss ihm, nachdem er einige Worte mit ihm gewechselt hat, etwas zu entreissen suchen oder mit dem Stocke nach ihm schlagen, während der Dressirer sich vertheidigt und seinem Hunde, den er kurz an der Leine hat, zuruft: »Nero, fass! fass!« Zeigt der Hund Muth und steigt er an dem Gehilfen in die Höhe, um ihn oben zu packen, so ist das ganz nach Wunsch. Der Gehilfe muss sich packen oder mindestens stellen lassen, damit der Hund nicht böse wird und darauf ausgeht, ihn zu zerreissen, sondern damit er die Ueberzeugung gewinnt, er sei schon so Sieger, wenn er dem Mann seine Vorderpfoten auf die Achseln oder die Brust setzt und ihm die Zähne weist. Der Dressirer behält den Hund dabei an der Leine und ruft ihn, ohne ihn zu zerren, zurück, giebt ihm auch einen guten Bissen, *nur nichts Fleischernes!* Der Gehilfe muss darauf in kurzem Abstand vorausgehen, und der Dressirer folgt ihm, den aufgeregten Hund kurz und fest führend, bis nach Hause. Das muss wöchentlich 3—4 mal geübt werden, an jedem Abend jedoch nur einmal. Abgeben darf sich der Gehilfe mit dem betr. Hunde nie, auch muss der Hund daheim sofort angekettet, aber belobt und gefüttert werden!

In dem geschlossenen Dressirraume muss sich fernerhin der Dressirer mit dem Hunde zunächst so verhalten, als sei er in seiner Stube, weshalb ein Tisch und Stuhl darin sein muss. Der Gehilfe nimmt sodann auf seinem Feuerbodenstandpunkt den Draht der gut angeputzten Figur und lässt diese durch die Thüre aus dem Verschlag eintreten. Der Dressirer lässt die Figur erst ein Weilchen im Zimmer auf- und abgehen, um zu sehen, was »Nero« dazu sagt. Bleibt er still, was selten der Fall ist, so spricht der Dressirer mit dem Hunde und belobt ihn, dann spricht er mit der Figur und dieselbe wird wieder hinausgeleitet. Darauf kommt sie etwas anders costümirt

wieder in's Zimmer und zankt sich mit dem Dressirer; dieser
drängt darauf die Figur an die Wand und ruft dem Hunde zu:
»Nero, fass!« Bei dieser Gelegenheit wird ihm gezeigt, wie er
einen Mann an der Wand festzustellen hat, ohne ihn zu beissen.
Beisst er dennoch, so muss ihm ein lederner Maulkorb angelegt werden. Auf diese Weise muss er lernen, stets bereit zu
sein, aber niemals eher seine Pflicht zu thun, als bis das Kommando dazu erfolgte.

Die dritte Leistung, die sodann verlangt wird, ist die, dass
er jeden eintreten, aber keinen wieder hinausgehen lässt, ohne
dass sein Herr dazu kommt und mit der Person zusammen
hinausgeht, oder ihn zur Ruhe verweist. Dazu lässt man den
Hund allein im Raume, während sein Dressirer nach einem
Weilchen denselben mit der Weisung verlässt: »Nero, hier«;
darauf muss sich Nero in eine Ecke legen und ist dies geschehen, so sagt der Dressirer zu ihm: »Nero still! pass auf!«
Später wird er das schon allein besorgen, sobald sein Herr
das Zimmer verlässt und ihn nicht zum Mitgehen auffordert.
War der Hund eine kurze Zeit allein im Zimmer, so lässt man
die Figur eintreten; während dem kommt der Dressirer zurück
und kommandirt den Nero, sich immer vor der Thüre zu
postiren, aber ruhig zu verhalten. Die Figur lässt man herum
wandern und bringt sie sodann wieder bis an die Thüre, um
sie hinausgehen zu lassen. Rührt sich der Hund dabei nicht
und thut er, als ob er den Fremden passiren lassen wollte, so
muss er sofort von aussen angerufen werden: »Nero, fass!«
Fasst er darauf die Figur an, so wird er wieder abgenommen
und muss an der Thüre sitzen bleiben, darf aber die Figur
nicht hinausgehen lassen, oder muss sie an der Wand festhalten, bis sein Dressirer hereinkommt und ihm »Zurück,
Nero!« zuruft. Dafür wird er dann belobt und mit guten
Bissen gefüttert.

Wie der Hund sich nun zu alledem anstellt, darnach
richten sich die Einzelheiten der Dressur, die hier nicht erst
aufgeführt zu werden brauchen; denn wer einen Hund auf den
Mann dressiren will, darf kein Anfänger, sondern muss ein
Dressir*meister* sein, da *diese Dressur die complicirteste und
schwierigste ist,* und, in drei verschiedene Situationen einge-
theilt, eine *dreifache* genannt werden kann.

In den ersten Fällen darf der Hund nur den Weg versperren,

nur den Gegner festhalten und nur im Kampfe, wenn sein Herr in einen solchen verwickelt wird, darf er zupacken, um mit seinem Gebiss den Gegner zu bearbeiten.

Zum Schluss sei noch mitgetheilt, dass die Dressur, den Gegner mit den Zähnen anzugreifen, viel Vorsichtsmaassregeln erfordert. Besonders müssen die Gehilfen, die von dem Hunde gepackt werden sollen, gut mit Wattekissen, namentlich am Halse versehen sein, denn z. B. die Boxer springen den Gegner an und beissen sich sofort an der Kehle ein. Das Grossartigste in der Dressur von Boxern *auf den Gegner zum directen Kampfe* habe ich s. Zt. bei dem Athleten Rappo gesehen, der in den 50er Jahren mit seiner Künstlergesellschaft in allen grösseren Städten Vorstellungen gab, wobei sein *„Räuberüberfall im Simbirsker Walde"* unendliches Furore machte. Dabei kamen seine famos dressirten 6 Boxer in Thätigkeit, die nicht blos auf der Bühne, sondern auch in der Wirklichkeit Erstaunliches geleistet haben sollen.

## B.
# Die Racen.

Niemand liess es sich früher angelegen sein, die verschiedenen Hunderacen rein fortzuzüchten oder durch wohlerwogene Kreuzungen Ersatz für die eine oder die andere zu Grunde gegangene Race zu schaffen oder vervollkommnetere zu produciren. Reine Racehunde sah man unter den Luxushunden nur noch selten, und selbst unter den Jagdhunden war ein Mischmasch entstanden, der viel zum Verfall der Jägerei beitrug, denn ein guter Jäger und ein schlechter Hund werden nie beisammen sein, niemals zu einander passen. Schlechte oder geringe Hunde führen nur eben solche Jäger, weil sie eben nichts davon verstehen — wenn aber Jäger und Hund nichts mehr taugen, dann ist's auch mit der Jagd vorbei. Das letzte Nutzwild wird zu Holze geschossen oder von dem Raubwild verspeist, das überhand genommen. Weit davon sind wir nicht gewesen. Nur einzelne Revierjäger und einzelne Förster, sowie einzelne Jagdfreunde züchteten noch da und dort, aber auch jeder nur das, was er für besonders gut hielt.

Noch schlimmer sah es unter den Luxushunden aus, unter denen man heute noch ganze Musterkarten herumlaufen sehen kann. Das grosse Heer der Köter bevölkert noch heute in unbegreiflicher Weise die Städte und noch echtere Bassermann'sche Hundegestalten die Dörfer. Es ist bei dem bedeutend gehobenen Sinn für stilvolle Schönheit geradezu ein Räthsel, warum man noch nicht allgemein auf racereine Hunde hält. Wenn man hohe Hundesteuer zahlen muss, in vielen Städten 20 Mark jährlich, so sollte man doch selbstverständlicher Weise nur etwas Schönes von einem Hunde versteuern und füttern, nur mit einem racereinen und kostbaren Hunde ausgehen und in seinem sonst so stilvoll eingerichteten

Hause auch nur eine racereine Hundeschönheit pflegen und hegen.

Dazu aber, dass dies geschehen kann, Mittel und Wege zu zeigen, ist schon lange mein ernstes Bestreben; dazu soll auch diese Schrift an ihrem Theile mitwirken.

Es würde ihren Zweck weit überschreiten, wenn ich sämmtliche bekannte Hunderacen einer näheren Besprechung unterziehen wollte: ich habe hier nur die Absicht, die bekannteren und von mir in den Handel gebrachten Racen meinen geneigten Lesern vorzuführen und erlaube mir noch vor diesem einen Auszug der »*Magdeburger Zeitung*« und aus »*Ueber Land und Meer*«, dem bedeutendsten sämmtlicher Journale der Erde, zur geneigten Kenntnissnahme einzuschalten:

Die **Magdeburger Zeitung** schreibt unterm 5. Mai 1883:

»Zahna, 30. April. Seit einigen Tagen hält sich hier der russische Hofthierarzt *Dr. Jacobson* aus Petersburg auf, um im Auftrage des Central-Comitées für die am 12. Mai unseres Kalenders in Petersburg stattfindende internationale *Hunde-Ausstellung* die Einrichtungen der Hundezüchterei *Cäsar und Minka* zu besichtigen und Ankäufe aus den Beständen derselben zu machen. Der Genannte, ein ausgezeichneter Hundekenner, hat 19 Paar Racehunde für 6763 Mark angekauft, welche zunächst bei der Petersburger Ausstellung zur Feststellung der Racepoints als Normal-Hunde ausgestellt, dann aber in einer, im Anschluss an das in Petersburg gegründete Hospital für kranke Hunde, zu errichtenden Hundezüchterei als Zuchtmaterial verwendet werden. Die Firma *Cäsar und Minka* muss sich in Russland eines guten Rufes erfreuen. Vor vier Jahren liess der verstorbene Kaiser selbst einen später von ihm sehr hoch geschätzten schwarzen Berghund durch das Hofmarschallamt von Herrn Friedrich ankaufen und im vorigen Jahre hatte derselbe die Ehre, der Fürstin Dolgorucki einen Hund zu liefern, der durch einen fürstlichen Kammerdiener hier abgeholt wurde.«

„**Ueber Land und Meer**", Allgem. Illustr. Zeitung, schreibt in Nr. 47 (August 1883):

»Die Züchtung von Jagd- und Vorstehhunden, deren Literatur durch Buffon und Berjeau's »*Varieties of dogs*« so überaus werthvoll bereichert wurde, ist auch in Deutschland Gegenstand besonders sorgfältiger Studien geworden. Walther's »Zuchten und Varietäten des Hundes« haben ganz speziell auf diesem Gebiete einen internationalen Ruf, und schon in den naturgeschichtlichen Tagesfragen von Giebel, welche heut fünfundzwanzig Jahre alt sind, haben die für den Waidmannssport bewährtesten Kreuzungen sehr scharfe und bedächtige Untersuchungen erfahren. Das gesteigerte Interesse an sportlichen Unterhaltungen hat sich auch in Deutschland, zumal in den aristokratischen Kreisen der oberen »Zehntausend«, aus der ursprünglichen Neigung für einen blossen Zeitvertreib zu einer Art Studium erweitert, das mit Eifer gepflegt, ja hie und da vielleicht als zur vollendeten Ausbildung eines Kavaliers unerlässlich angesehen wird. Das hat bezüglich des Jagdsports zunächst die sorgfältige Züchtung edler, für gewisse Terrainverhältnisse kombinirter Racenhunde zur Folge gehabt, und die Erfolge der umfangreichen deutschen Hundezüchterei sind in einem ungemein interessanten Exportbericht der grossen Züchtungsanstalt *Cäsar und Minka* in *Zahna,* Prov. Sachsen, durch überraschende Daten fixirt. Die erwähnte Züchterei, welche Generalagenturen in fast allen Erdtheilen unterhält und durch die Begründung ihrer neuen »Berghundrace« zu noch besonderer Bedeutung gelangt ist, exportirt alljährlich, zumal vor Eröffnung der Jagden, die Specialitäten ihrer Jagd- und Vorstehhunde nach allen Gegenden Europas. Ihre Kreuzung englischer Pointers und altdeutscher Hunde gilt nicht nur für die Terrainverhältnisse Deutschlands, sondern auch Belgiens, Hollands und der Schweiz für das gelungenste Product, nachdem erfahrungsmässig die reinen Racen der Setters und Pointers unzuverlässige Apporteure und widerwillige Ueberwinder von Terrainschwierigkeiten sind. Eine andere Race speziell deutscher Züchtung ist die auf Reh, Fuchs und Hase vorzügliche deutsche Bracke, die sich in Koppel und Meute ebenso bewährt als im Solo; und die mit ganz besonderer Liebhaberei bei uns gezüchteten Hasenharriers und nur für Schwarzwild verwendbaren Foxhoundsmeuten haben einen internationalen Ruf. Als Specialität für Wildschweine gilt noch immer die dreifarbige englische Bracke. Der Export dieser bewährtesten Jagdhunde ist ein überaus interessanter. Von Ibrahim Pascha wurden jüngst 15 werthvolle Vorstehhunde telegraphisch nach Bujukdere am Bosporus beordert; der russische Kaiser stand wiederholt mit der Zahnaer Racezüchterei als Käufer von Zuchtmaterial in Verbindung, und die renommirten Findermeuten in der Race des Klein-Glienicker Jägerhofes sind im Besitz der meisten jagdtreibenden Fürsten Europas. Ein italienischer Nabob verfügte vor einiger Zeit die Uebersendung einer Meute und einer besonders kostbaren Ulmer Dogge durch einen Extrazug. Wie bei dem edlen Racenmaterial des Turf, so hat auch bei diesen Hunden Name und Genealogie des Thieres einen hohen Werth für die Kreise des interessirten Sports.«

# I. Die Ulmer Dogge

(Württembergische Hatzrüde, auch Deutsche Dogge genannt).

Dieser respectabelste und muthvollste Beschützer und Begleiter des Menschen unter den Hunden ist der bis jetzt bekannte grösste, eleganteste, kurzhaarigste Hund der Erde und schon seit längerer Zeit ein beliebter Luxushund. Die Race wurde schon vor hundert Jahren, wenn auch nicht in der Körperfülle und Grösse wie heute, am Württembergischen Hofe wegen ihres Muthes und ihrer Schnelligkeit gezüchtet und zur Sauhetze verwendet.

Durch sorgfältige Züchtung ist es den Specialzüchtern gelungen, Thiere von ganz abnormer Grösse und gewaltigem Körperbau zu erzielen.

Die Ulmer Dogge soll kurz- und feinhaarig sein, eine lange dünne Ruthe haben, und muss sich vor Allem durch starke Muskulatur und starke Sehnen, sowie durch ein ausdrucksvolles Gesicht ohne gespaltene Nase auszeichnen. Das Vorhandensein oder Nichtvorhandensein der sogenannten Wolfsklauen an den Hinterfüssen beeinträchtigt die Reinheit der Race durchaus nicht.

Gewöhnlich ist die Farbe der Ulmer Dogge stahlblau, gelb mit schwarzen Streifen, schwarz mit gelben Streifen, und isabellenartig. Es kommen aber auch nicht selten gefleckte oder schwarze oder löwengelbe Exemplare vor. Die beliebtesten Färbungen sind die matteren Töne.

Dafür, ob die Ohren coupirt sein müssen oder nicht, lässt sich keine bestimmte Norm aufstellen, da dies lediglich eine Geschmackssache ist; denn es werden eben so viel Hunde mit nicht coupirten Ohren als wie mit coupirten Ohren gewünscht.

Die Ulmer Dogge erreicht eine Höhe bis zu 80, ja 90 cm und ein Gewicht von 60 kg, in seltenen Fällen von 90 kg. Die Entwicklung des Hundes ist aber erst mit dem dritten Jahre vollendet, so dass junge Hunde meist kleiner und leichter sind.

1. Ulmer Dogge.

Das Vorurtheil oder den Vorwurf der Bösartigkeit, welcher dieser Race, sowie allen Hunden, welche den Namen Dogge führen, gemacht wird, muss ich entschieden als unbegründet zurückweisen, denn es sind die vorgekommenen Fälle von Bösartigkeit fast alle darauf zurückzuführen gewesen, dass die Hunde unnütz gereizt oder vollständig verkehrt behandelt worden sind. Und es sind bei dieser Race gewiss nicht mehr derartige Fälle vorgekommen, als bei jeder anderen Hundeart. Gut erzogen ist sie ein überaus gutmüthiges Thier voller Edelmuth; nur unsaubere Elemente haben ihre imponirende Grösse und Stärke zu fürchten, denn ein solcher Hund ist der empfehlenswertheste Schutz für seinen Herrn.

Muss nun dieser Race, schon wegen ihrer eleganten, kraftvollen Bewegungen und ihrer ganzen äusseren Erscheinung, sowie ihres Muthes, ihrer Wachsamkeit und Treue wegen, der erste Platz eingeräumt werden, so ist ihre ausserordentlich leichte Acclimatisationsfähigkeit noch einer ihrer Hauptvorzüge.

Es sind Hunde dieser Race von mir nach *Italien*, *Spanien*, *Ost-* und *West-Indien*, *Brasilien*, dem nördlichen *Russland* und *Sibirien* geschickt worden und von allerwärts erhielt ich die gewiss für mich freudige Mittheilung, dass ihnen weder die Hitze des Südens, noch die Kälte des Nordens schade und dass sie sich mit Leichtigkeit den örtlichen und klimatischen Verhältnissen angepasst haben.

Der Name »Ulmer Dogge« ist eigentlich nicht mehr zutreffend, denn in *Ulm* selbst wird diese Race schon seit langer Zeit nicht mehr gezüchtet. Es ist s. Z. ein Württembergischer Hof-Thierarzt von *Stuttgart* nach *Ulm* verzogen und ist im Besitz einiger ausgezeichneter Hunde dieser Race gewesen. Hier in *Ulm* hat er sich der Züchtung dieser Race mit grossem Verständniss befleissigt und ihr mit der Zeit den ihr gewiss gebührenden guten Ruf verschafft. Seit dem Tode dieses Herrn wird in *Ulm* diese Race nicht mehr gezüchtet, sie wird aber von mir in der grössten Reinheit erhalten und die erzielten Resultate beweisen mir, dass ich im Besitz eines ausgezeichneten Zuchtmaterials bin.

**Otto Friedrich**
*Zahna.*

## 2. Der Englische Mastiff

(oder die grosse Englische Dogge).

Diese Race existirt schon seit hunderten von Jahren und hat sich in dieser Zeit ziemlich rein erhalten und ihre sofort in die Augen fallenden Eigenthümlichkeiten bewahrt.

Bei einer Höhe von 70—80 cm erscheint das Thier so massig und kolossal, dass es einer Löwin ähnelt.

Das Haar ist meist von löwengelber Farbe, hart, stark und fest anliegend. Das Gesicht ähnelt einer dunkeln Maske. Die Ohren sind klein und etwas abstehend. Die Haut umgiebt den Körper lose und bildet namentlich um die Stirn, sowie in der Hals- und der Brustgegend zahlreiche Falten, welche besonders bei älteren Hunden sehr zum Ausdruck kommen und denselben ein ernstes und finsteres Aussehen verleihen. Der Hals ist kurz, sehr muskulös und sitzt fest auf dem sehr breiten Brustkasten. Das Rückgrat ist gerade, der Schwanz kurz, und die Läufe sind stark und sehnig.

In früheren Zeiten soll der Mastiff zu Bären- und Wolfshetzen verwendet worden sein, wobei er jedenfalls zu den letzteren nicht mit Vortheil gebraucht worden ist, da ihm die hierzu nöthige Schnelligkeit und Gewandtheit abgeht. Heute wird er nur noch zum persönlichen Schutze verwendet. Denn wenn es gelungen ist, diesen verstockten und bösartigen Hund zu einem treu ergebenen Begleiter zu erziehen, wozu immerhin ein sehr energischer und geschickter Dressirmeister gehört, dann giebt es wohl keinen werthvolleren Beschützer. Er wird seinen Herrn nie verlassen und sich eher in Stücke zerreissen lassen, ehe er duldet, dass demselben irgend ein Leid zugefügt wird.

Der Mastiff ist gegen andere Hunde unverträglich und ich habe öfter Gelegenheit gehabt, seine Lust am Morden und Würgen zu beobachten. Diese Eigenschaft, welche nur dieser Race eigen ist, hat die übrigen Doggenarten in den Ruf der

2. Englischer Mastiff.

Bösartigkeit gebracht, und es wird gewiss noch vieler Jahre bedürfen, ehe dieses Vorurtheil ganz verschwindet.

Ich habe mich in früheren Jahren der Züchtung dieser Race mit grosser Vorliebe gewidmet, da ich Gelegenheit fand, ein Paar prachtvolle Hunde dieser Race zu erwerben, habe aber bald einsehen gelernt, dass sie entschieden keine Race ist, welche man Jedermann empfehlen könnte, da bei ihr auch die Wachsamkeit, gewiss eine der nothwendigsten Eigenschaften des Hundes, sehr viel zu wünschen übrig lässt.

## 3. Der Deutsche Bullenbeisser

(auch **Deutscher Mastiff** genannt).

In ihrem Aeusseren gleicht diese Race der vorher beschriebenen sehr, nur variirt die Hautfarbe von löwengelb nach aschgrau und schwarz, ebenso sind ihre Bewegungen bei fast gleicher Massigkeit des Körpers viel leichter und eleganter, auch zeigt sie eine grosse Treue und Anhänglichkeit.

Die Rückenhöhe erreicht im höchsten Falle 75 cm.

Der Deutsche Bullenbeisser ist in dem letzten Jahrzehnt sehr verdrängt worden, so dass er fast gar nicht mehr verlangt wird, wodurch ihm meiner Ansicht nach grosses Unrecht zugefügt wird, denn er ist ein sehr williger Hund und als Begleiter des Wagens ein nicht zu unterschätzender Beschützer.

In früheren Zeiten, wo das Vieh von den Händlern zu den Marktorten noch getrieben werden musste, war der Deutsche Mastiff oder Bullenbeisser fast unentbehrlich, denn er war der einzige Hund, welcher bei seiner fast katzenartigen Geschwindigkeit es verstand, selbst den wüthendsten Bullen durch Fassen in die Nase zu bewältigen.

Ich selbst habe seiner Zeit für einen guten, brauchbaren Bullenbeisser erstaunlich hohe Preise zahlen sehen, und ein Hofschlächtermeister antwortete mir auf die Frage, ob er seinen Hund nicht veräussern wolle: »Und wenn Sie mir den Hund mit Ducaten aufwiegen wollten, ich kann ihn nicht abgeben, denn er ist mir für mein Geschäft absolut unentbehrlich.«

Heute wird der Deutsche Bullenbeisser wegen seines kräftigen Körperbaues grossentheils als Zughund und wegen seiner grossen Wachsamkeit und Anspruchslosigkeit als treuer Hüter des Hofes, das heisst als Kettenhund verwendet, doch ist er auch als Haus- und selbst als Zimmerhund zu empfehlen.

3. Deutscher Bullenbeisser.

4. Dänische Dogge.

## 4. Die Dänische Dogge.

Aus einer Kreuzung der *Ulmer Dogge* mit dem *Englischen Windhunde* hervorgegangen, ist diese Race nächst der Ulmer Dogge entschieden die werthvollste und eleganteste der kurzhaarigen Hunderacen.

Ihre Höhe erreicht 70—80 cm, das Haar ist fein, kurz, anliegend und sehr sauber, und die Farbe darf *nur blau*, dunkelblau, hellblau oder schieferblau sein. Von den Ohren gilt dasselbe, was bei Besprechung der Ulmer Dogge gesagt worden ist.

Dem Liebhaber, welchem eine Ulmer Dogge zu gross und massig ist, kann ich diese Race nur auf das Wärmste empfehlen, denn sie vereinigt alle Vorzüge der Ulmer Dogge in sich, auch hat sie sich nach eingetroffenen Berichten überall sehr gut acclimatisirt.

Der Rücken muss gebogen sein, ohne dass er hinten überbaut ist, die Ruthe ist stark, nach dem Ende zu in eine dünne Spitze verlaufend. Die Läufe sind hoch und scheinbar fein und zierlich, was aber die Schnelligkeit und Dauer des Hundes durchaus nicht beeinträchtigt.

Ihre äussere Erscheinung, wenn auch nicht so massig wie die der Ulmer Dogge, ist durchaus imposant und ihr Wesen vornehm und elegant; weshalb sie sich eben so gut als Luxuswie als Salonhund verwerthen lässt, und auch als treuer Wächter der Wohnung lässt sie in Bezug auf Wachsamkeit und Muth nichts zu wünschen übrig. Die Dänische sowohl als auch die Ulmer Dogge sind unbestechliche Thiere und gegen Fremde stets misstrauisch, weshalb sie besonders zum Schutze des Eigenthums sehr zu empfehlen sind. Wo eine gute Ulmer oder Dänische Dogge, auch Bulldogge im Hause ist, wird man gewiss vor Dieben sicher sein.

## 5. Die Bulldogge.

Ueber die Abstammung dieser Race herrscht eine grosse Meinungsverschiedenheit, denn es lässt sich schwer beweisen, ob sie von dem grossen Englischen Mastiff oder von dem alten Deutschen Mopse abstammt, und wenn ich meine Ansicht darüber aussprechen soll, so geht sie dahin, dass ihr Ursprung von der von mir zuletzt angeführten Hundeart herzuleiten ist.

Daraus, dass man neben anderen Hunden auch die Bulldogge auf Darstellungen spanischer Stiergefechte aus dem 16. Jahrhundert findet, will man schliessen, dass die Heimath dieser Race die Pyrenäische Halbinsel ist, doch lässt sich auch darüber nichts Genaues feststellen.

Bei einer gedrungenen, muskulösen Bauart erreicht diese Race die Höhe von 40—60 cm. Die Schädelbildung sowie die Form des Kopfes sind ganz aussergewöhnlich. Dadurch, dass der Unterkiefer länger als der Oberkiefer ist, also über denselben hervorsteht, und dass die Fang- und die vorderen Schneidezähne, von den Lippen nicht bedeckt, immer sichtbar sind, gewinnt diese Race ein ganz sonderbares, sofort in die Augen fallendes Aussehen. Die Zähne stehen nicht wie bei anderen Hunden im Rachen in einer Reihe, sondern in der Form einer stark geschränkten Säge. Das Auge ist gross und feurig, die Nase fast immer doppelt. Es ist jedoch nicht ausgeschlossen, dass auch Exemplare mit einfacher Nase vorkommen, wodurch der Werth derselben vermindert wird. Die Ohren sowie die Ruthe werden in der Regel gestutzt, doch haben auch uncoupirte Thiere ihre Liebhaber. Die Belefzung ist dickwulstig und hängt weit über den Unterkiefer herab.

Aus der Beschaffenheit des Kopfes und des Auges dieser Race schliesse ich, dass dieselbe von dem Deutschen Mopse abstammt, doch will ich diese meine Meinung durchaus nicht als maassgebend hinstellen.

Die Bulldogge wird von den Grossstädtern und insbesondere von den Liebhabern in *Berlin* wegen ihrer mittleren Grösse, welche sie selbst in kleineren Wohnungen nicht lästig

5. Bulldogge.

werden lässt, und wegen ihrer Wachsamkeit und Treue besonders geschätzt.

Durch fortwährendes Hetzen kann die Bulldogge zu einem sehr bösen Hunde gemacht werden, und ich habe öfter Gelegenheit gehabt, ihren Muth und ihre Ausdauer in Kämpfen mit in Bezug auf Grösse und Kräfte ihr weit überlegenen Hunden zu betrachten, wobei es sogar vorgekommen ist, dass ich interveniren musste, um die unterliegenden grösseren Hunde nicht erwürgen oder todtbeissen zu lassen. Aber nicht allein an ihres Gleichen vergreift sie sich, sie ist ein ebenso thätiger Würger des Raubzeuges, der Katzen, Marder, Iltis u. s. w., ja selbst der Rattenfang macht ihr, wenn sie dazu abgerichtet worden ist, viel Vergnügen. Was sie einmal mit ihren Zähnen gefasst hat, ist unrettbar verloren. Und trotz dieser scheinbaren Bösartigkeit ist sie ein treuer, geduldiger Spielkamerad der Kinder des Hauses, sie springt über den Stock, apportirt u. s. w. und lässt selbst die unwürdigste Behandlung Seitens der Kinder über sich ergehen.

Das Aussehen dieses Hundes ist ungeheuer finster und mürrisch, die hervorstehenden Zähne, die grossen feurigen Augen und die grossentheils dunkle Farbe des sehr kurz behaarten Gesichtes lassen ihn als einen sehr mürrischen, griesgrämigen Gesellen erscheinen. Je hässlicher und plumper sein Kopf ist und je weiter die Zähne hervorstehen, desto höher steigt der Hund in seinem Preise.

Die Hauptfärbungen der Bulldoggs sind gelb, löwengelb, wolfsgrau, gestreift, schwarz und auch scheckig, überhaupt kommen dieselben fast in allen Farben vor.

Mastiff und Bulldogge machen oft einen rohen Eindruck, wenn man sie in ihrer Verwendung zum Viehtreiben und als Fleischerhunde sieht. Die Vergleichung mit der Pracht der Deutschen Dogge halten allerdings beide nicht aus, zumal sie, nicht so nobelen Charakters, stets zum Raufen geneigt sind, und weil ihr ganzer Habitus einen unfreundlicheren Eindruck macht, besonders der der Bulldogge. Aber bei guter Züchtung lassen sich auch diese Hunde zu schönen Begleitern und vortrefflichen Beschützern umwandeln.

## 6. Der Berghund

(früher St. Bernhardiner Hund).

Ehe ich zu der näheren Beschreibung dieser Race schreite, sei es mir gestattet, Einiges über die Entstehung derselben zu sagen.

Der vollkommenste und edelste Hund aller Zeiten war der von *St. Bernhard.* Ein grosses, kräftiges Thier, verband er mit äusserer Schönheit eine ausserordentliche Intelligenz und war selbst den grössten an ihn gestellten Anforderungen gewachsen. Von Anfang waren die St. Bernhards-Hunde mit schlichtem, kurzem Haare bedeckt, wie aus einem alten Denkmal auf dem St. Gotthard zu ersehen ist, bei ihrem Untergange aber trugen sie schönes lockiges Haar, eine Veränderung, welche jedenfalls durch eine zufällige und nicht beabsichtigte Kreuzung mit dem Pyrenäenwolfshund hervorgerufen worden war.

Es ist zur Genüge bekannt, welche unglaublichen Heldenthaten von diesen Hunden im Dienste der Menschen- und Nächstenliebe verrichtet worden sind, wie sie mit einem über alles Lob erhabenen Muthe, in Verbindung mit der ausserordentlichsten Intelligenz Dienste verrichtet, welche selbst dem opferwilligsten Menschen zu verrichten unmöglich gewesen wären. Hat doch der berühmteste dieser Hunde, »*Barry*«, dessen Name für alle Zeiten als der eines Wohlthäters der Menschheit glänzen wird, mehr als vierzig Menschen von dem schrecklichen Tode des Erfrierens errettet. Ich kann es nicht unterlassen, hier den Nachruf, welchen *Scheitlin* diesem Hunde aller Hunde gewidmet hat, anzuführen. *Scheitlin* sagt:

»Der allervortrefflichste Hund, den wir kennen, war nicht derjenige, welcher die Wachtmannschaft der *Akropolis* in Korinth aufweckt; nicht *Bezerillo,* der Hunderte von nackten Amerikanern zerriss; nicht der Hund des Henkers, der auf Befehl seines Herrn einen ängstlichen Reisenden schützend durch den langen, finsteren Wald geleitete; nicht *Drydens,* der sich zum Schutze seines Herrn auf vier Banditen

6. Berghund.

stürzte; nicht der, der in Warschau von der Brücke in den Strom sprang und ein Kind dem Tode in den Wellen entriss, sondern *Barry,* der Hund auf dem *St. Bernhard!* Ja *Barry,* Du höchster der Hunde, Du höchstes der Thiere, Du warst ein grosser, sinnvoller Menschenhund mit einer warmen Seele für Unglückliche. Du hast mehr als vierzig Menschen das Leben gerettet. Du zogst mit Deinem Körbchen voll Brod und einem Fläschlein süsser, stärkender Erquickung am Halse aus dem Kloster in Schneegestöber und Thauwetter Tag für Tag, zu suchen Verschneite und Lawinenbedeckte, sie heraus zu scharren, oder im Falle der Unmöglichkeit schnell nach Hause zu eilen, damit die Klosterbrüder mit Schaufeln mit Dir kommen und Dir graben helfen sollten. Du warst das Gegentheil von einem Todtengräber, Du machtest auferstehen. Du wusstest wie ein feinfühlender Mensch durch Mitgefühl zu belehren, denn sonst hätte jenes hervorgegrabene Knäblein gewiss nicht gewagt, sich auf Deinen Rücken zu setzen, damit Du es in das freundliche Kloster trügest. Angelangt, zogst Du an der Klingel der heiligen Pforte, auf dass Du den barmherzigen Brüdern den köstlichen Findling übergeben könntest. Und als die süsse Last Dir abgenommen war, eiltest Du sogleich auf's Neue zum Suchen aus, auf und davon. Jedes Gelingen belehrte Dich und machte Dich froher und theilnehmender. Das ist der Segen der guten That, dass sie fortwährend Gutes muss gebären.«

Diese ausgezeichnete Race ist seit dem Jahre 1816, in welchem die letzten Repräsentanten derselben durch eine grosse Lawine verschüttet wurden, ausgestorben. Man kann sich nun denken, dass von allen Hundezüchtern die grössten Anstrengungen gemacht worden sind, um eine ähnliche, gleichwerthige Race wieder herzustellen. Abgesehen von allen seltsamen Experimenten, welche von Französischen und Deutschen Züchtern angestellt wurden, versuchte es in den sechziger Jahren ein Engländer, durch eine Kreuzung von Seitenabkömmlingen der untergegangenen Race mit dem Pyrenäischen Wolfshunde seinen Zweck zu erreichen. Er mischte die erhaltenen Würfe wiederholt mit einander und griff zuletzt auf die Stammeltern zurück. Auf diese Weise hat er auch sehr schöne glatthaarige und auch lockige Hunde gezüchtet, es ist ihm aber nicht gelungen, eine constante Race zu erzielen.

In Deutschland war aus der Kreuzung des kraushaarigen Neufundländers mit dem schottischen Seidenhunde, als ein *dreifacher Bastard gemischter Kreuzung, der langhaarige Neufundländer* hervorgegangen, welcher dem ausgestorbenen St. Bernhardshunde am ähnlichsten war.

Von einer Züchterei im Königreich *Württemberg* auf einem zum Jagdschloss *Solitüde* gehörigen Reviere bei *Leonberg*, welche stets auf Reinhaltung der Racen grosse Sorgfalt verwendet, und welche diese Race auch mit Glück und Verständniss gezüchtet hat, hat dieselbe den von allen Kynologen als berechtigt anerkannten Namen »*die Leonberger*« erhalten.

Die Bezeichnung »*Berghunde*« hat diese Race, welche durch den Rüden *Cäsar* des Herrn *Bergmann* in *Waldheim* und die Hündin *Juno* von mir vertreten war, wegen ihrer ausserordentlichen Schönheit, Grösse und Stärke durch den Ausspruch der Preisrichter auf der internationalen Ausstellung zu *Stuttgart* im Jahre 1875 erhalten. Zu diesen Preisrichtern gehörten die Herren: Fürst *Karl von Waldenburg-Zeil-Wurzbach*, Professor Dr. *Vogel*, Professor Dr. *G. Jäger*, Regiments-Pferdearzt *Franz*, Thiermaler *F. Specht*, gewiss alles Namen, gegen deren Competenz Niemand etwas einzuwenden vermag. Ausserdem wurde auf dieser Ausstellung diese neu accreditirte Race wegen der oben angeführten Eigenschaften mit dem ersten Preise, einer goldenen Medaille, prämiirt. *Cäsar* und *Juno* waren als Bernhardiner ausgestellt; da es aber nachweislich Hunde von St. Bernhard nicht mehr giebt, so erhielten sie den Namen »*Berghunde*« und es wurde dabei anerkannt, dass sie den Leonbergern gegenüber bedeutende Vorzüge durch Grösse, Eleganz und festere Behaarung hatten.

Diese Race in solcher Vollendung und Schönheit zu züchten, war mir nach vielfachen vergeblichen Versuchen, welche einen nicht geringen Theil meines immerhin schon beträchtlichen Vermögens in Anspruch genommen hatten, dadurch gelungen, dass ich im Jahre 1872 eine echte, importirte Neufundländer-Hündin »*Norma*« mit einem vom Württembergischen Hofe stammenden, sehr schönen Hatzrüden paarte. Von den 14 Jungen, welche die Norma warf, zog ich acht besonders schöne Thiere auf, und von diesen acht erreichten die Hündinnen *Juno* und *Minka,* sowie der Rüde *Moulon,* dessen nach einer Photographie angefertigtes Bildniss dieser Beschreibung beigefügt ist, eine auffallende Schönheit. Hauptsächlich zeichneten sich diese Thiere durch ihre prächtig modellirten Köpfe, ausserordentliche Körperfülle, ihren harmonischen Bau, reichen Federschweif und ihr löwengelbes, dichtes, gewolktes Haar ungewöhnlich vortheilhaft aus.

Um dieselbe Zeit hatte Herr *Bergmann* in *Waldheim* mit demselben Glück diese Race gezüchtet. Er stellte seinen schönsten Rüden *Cäsar* mit meiner oben schon genannten Hündin *Juno* aus, und der Lohn unserer Bemühungen war unseren Erwartungen entsprechend. Herr *Bergmann* und ich haben uns bemüht, durch neidloses Entgegenkommen, indem wir immer das beste Zuchtmaterial gegenseitig austauschten resp. von einander bezogen, durch vollständige Blutmischung diese Race in ihrer Schönheit zu erhalten und wenn möglich noch zu vervollkommnen.

Vollständig entwickelt ist der Berghund erst nach 3 Jahren, denn bis zu dieser Zeit wächst er. Die Farbe des Berghundes ist löwengelb, wolfsgrau, schwarz, weissschwarz und schwarzweiss. Seine Höhe erreicht öfter 85 cm. Die Behaarung ist dicht gewolkt und auch schlichthaarig. Um Hals und Brust bildet sich eine schöne Mähne und die Ruthe ziert ein schöner Federschweif. Der Kopf ist höchst ausdrucksvoll, ohne ein finsteres Aussehen zu haben, der Behang ist breit, der Rücken gerade und die Läufe kräftig und gut geflechst.

Neben diesen vielen äusserlichen Vorzügen besitzt diese Race so vorzügliche Charaktereigenschaften, dass auch wegen dieser der Berghund zu den besten Hunden zu zählen ist. Wenn es nicht unbescheiden schiene, so könnte ich Aeusserungen von gekrönten Häuptern, wie z. B. von dem hochseligen *Kaiser Alexander von Russland,* dem noch regierenden *Grossherzog von Oldenburg,* der Fürstin *Dolgorucki* (zweiten Gemahlin des Kaisers von Russland), dem General-Gouverneur von *Moskau* und General-Adjutanten Sr. Majestät des Kaisers von Russland Fürst *Dolgorucki* und vielen Anderen anführen, welche die grosse Treue, Wachsamkeit, Willigkeit und Sanftmuth dieser Race über allen Zweifel erhaben erscheinen lassen. Alle diese hohen Personen haben ihre Einkäufe in dieser Race seit langen Jahren bei mir bewirkt und namentlich hat im November 1883 der genannte Fürst *Dolgorucki* persönlich für den gegenwärtigen *Kaiser von Russland* wieder einen Berghund angekauft.

Wer jemals einen solchen Hund besessen hat oder noch besitzt, sei es Herr oder Dame, wird mir beistimmen, dass er in Bezug auf seine lobenswerthen Eigenschaften seines Gleichen sucht. Auf den Gängen durch Feld und Wald ist er der treue Begleiter und Beschützer, und sitzt der Herr zu Pferde oder im Wagen, so wird sein treues Auge denselben nie verlassen, um ihm stets zur Hilfe sein zu können. Den Kindern des Hauses ist er ein geduldiger Spielkamerad, der sich, wenn es von ihm verlangt wird, sogar als Reitpferd hergiebt und nicht etwa, wenn die Behandlung Seitens der Kinder gar zu toll wird, um sich beisst, nein, er rennt höchstens zum Zeichen dafür, dass seine Langmuth doch auf eine allzu harte Probe gestellt wurde, das betreffende Kind um und macht sich davon, oder, wenn dies nicht geht, legt er sich in eine Ecke und thut, als ob nichts passirt wäre. Ist ein Berghund im Hause, so kann dasselbe ruhig verlassen werden, er hütet treu seines Amtes als Wächter desselben.

Da die Aufzucht des Berghundes eine ziemlich schwierige ist, so ist zu empfehlen, wenn man nicht von vorn herein älteren, dressirten Hunden den Vorzug giebt, nur 9—12 Monate alte Hunde zu kaufen, denn dann ist der Hund über die gerade bei dieser Race sehr gefährlichen Hundekrankheiten hinaus und der betreffende Käufer hat die Gewissheit, nicht in die Gefahr zu kommen, sein Geld umsonst ausgegeben zu haben.

Der Berghund verliert nur im Jahre einmal das Haar, während der Leonberger das ganze Jahr hindurch haart. Auch zeigt sich bei ihm das Geifern und Thränen der Augen nicht, wie beim Leonberger, weshalb er auch ein vorzüglicher Salonhund ist.

Es ist bei dem Berghunde, wie auch bei den anderen langhaarigen Racen zu empfehlen, die Thiere mit einem nassen Kamme täglich zu kämmen und mit einer strammen Wurzelbürste zu bürsten. Dadurch gewinnt das Haarkleid an Glanz, Weichheit und Festigkeit, und Reinlichkeit macht sie immer mehr zu Zimmerhunden geeignet.

7. **Neufundländer.**

## 7. Der Neufundländer.

Nächst dem vorher beschriebenen *Berghunde* nimmt diese Hunderace durch ihre Grösse und Stärke, sowie ihr elegantes Aeussere die erste Stelle unter den langhaarigen grossen Hunderacen ein.

Die Höhe erreicht nicht selten 75—80 cm und das Körpergewicht circa 50—60 kg. Der Kopf ist gross und breit, die Stirn hoch, die Schnauze lang und oval, auch leidlich belefzt, das Auge nussbraun und höchst ausdrucksvoll, der Behang lang mit lockigem Haare bedeckt. Der Hals ist kurz und kräftig mit starkem Nacken, die Brust breit und die Brustbeine etwas vorstehend, das Rückgrat gerade mit langer am Ende umgelegter Ruthe. Die Läufe sind kräftig, sehnig und zwischen den Zehen mit Schwimmhäuten versehen. Die Behaarung ist entweder langhaarig oder flockig und bildet sich am Halse und an der Brust zu einer förmlichen Krause oder Mähne aus. Die Ruthe ist mit einem prachtvollen Federschweif geziert. Die Farbe ist zum grossen Theile schwarz, schwarz mit weissen Flecken und weisser Blässe.

Ueber die Charaktereigenschaften lässt sich fast dasselbe sagen wie bei dem Berghunde; vorgekommene Fälle von Bissigkeit lassen sich grossentheils auf verkehrte Behandlung zurückführen.

Entstanden ist diese Hunderace aus einer oder verschiedenen Kreuzungen der auf der Insel Neufundland von den Engländern vorgefundenen einheimischen Race mit aus England mitgebrachten grossen Hunden.

Ein besonders guter Wasserhund ist der Neufundländer. Das Apportiren aus dem Wasser, sowie Tauchen und vorzügliches Schwimmen sind ihm angeboren.

## 8. Der Leonberger oder Boblinger Hund.

Diese Race wird vielfach gezüchtet und ist in Gestalt und Wesen der Neufundländer Race sehr ähnlich.

Ihre Höhe erreicht oft mehr als 80 cm, die Farbe ist gelb, grau, gefleckt und auch schwarz.

Zum Zimmer- und Salonhunde eignet sich der Leonberger wegen seines losen Haarwuchses durchaus nicht, während er bei seiner Sanftmuth einen vorzüglichen Gesellschafter für die Kinder abgiebt, was aber wohl der einzige Vorzug sein dürfte; denn er ist wegen seiner Trägheit oft von der Räude und dem Ohrenzwang heimgesucht und seine Wachsamkeit lässt viel zu wünschen übrig. Vor der Einführung des Berghundes war er neben dem Neufundländer als grosser, langhaariger Hund sehr gesucht und modern, was jetzt durchaus nicht mehr der Fall ist, da er selten noch verlangt und deshalb auch von mir nicht mehr gezüchtet wird.

8. Leonberger.

9. Deutscher Schäferhund.

## 9. Der Deutsche Schäferhund.

Das ganze Aeussere dieser Race lässt auf ihre Abstammung von dem Fuchse und dem Wolfe schliessen, wie sie auch die Schlauheit und Findigkeit des ersteren und die Ausdauer und den Muth des letzteren geerbt hat, ohne irgend etwas von den schlechten Eigenschaften dieser Hühner- und Schafdiebe behalten zu haben.

Mit Ausnahme des überaus klugen und doch Treue und Anhänglichkeit ausdrückenden Gesichtes, wenn man von einem solchen bei einem Hunde sprechen darf, ist das Aeussere dieser Race höchst unscheinbar.

Die Leistungen des Deutschen Schäferhundes grenzen an das Unglaubliche. Vom frühen Morgen bis zum späten Abend umkreist er die ihm anvertraute Heerde und giebt Acht, dass kein Schaf ein falsches Grundstück betritt, welche Thätigkeit oft in kleineren Fluren eine ungeheure Ausdauer und Klugheit in Anspruch nimmt. Ohne von seinem Herrn, dem Schäfer, darauf aufmerksam gemacht zu sein, weiss er, welche Grundstücke behütet werden dürfen, welche Wege einzuschlagen sind. Für ihn giebt es keinen Festtag, nur wenn das Wetter derartig ist, dass die Heerde nicht ausgetrieben werden kann, wird ihm Ruhe gegönnt. Aber nicht allein am Tage thut er bis zur letzten Minute seine Schuldigkeit, auch des Nachts entgeht nichts seiner steten Wachsamkeit, es darf kein Unberufener die Schäferei betreten, ohne von ihm bemerkt zu werden, und geht im Schafstalle irgend etwas Ungehöriges vor, so ruht er nicht eher, als bis durch sein lautes Bellen sein Herr darauf aufmerksam geworden ist.

Es ist zu beklagen, dass in manchen Gegenden unseres Vaterlandes die Race ausging und viele Schäfer irgendwelche Fixköter, die Anlage zum Hirtenhunde haben, sich dazu abrichten. Kreuzungen von grossen Spitzen und Affenpinschern oder mit glatthaarigen grossen Pinschern gaben indessen wirklich, wie ich aus eigner Erfahrung weiss, vortreffliche Schäferhunde. Nicht zu scharfe und böse, denn das dürfen sie nicht sein, damit die Schafe nicht beunruhigt werden, aber fixe, permanent aufmerksame, muntere und kluge Hunde, die dem Schäfer enorme Dienste leisten.

Wo es nöthig, so in Böhmen, in Posen etc., müssen übrigens stärkere Hunde verwendet werden, die mehr rauh- oder stichelhaarigen starken Pinschern gleichen, während der eigentliche Deutsche Schäferhund mehr dem grossen Spitz ähnelt mit seinem intelligenten Gesicht, das wie »Wolf und Fuchs auf einem Bilde« ausschaut.

10. Ungarischer Wolfshund.

## 10. Der Ungarische Wolfshund.

Diese Hunderace ähnelt dem Wolfe vollständig bis auf die Behaarung, denn diese ist stets reinweiss. Ihre Heimath ist die Pussta, wo ihr noch oft Gelegenheit geboten wird, die ihr zur Bewachung anvertraute Schafheerde gegen ihren Todfeind, den Wolf, zu vertheidigen. Dadurch, dass die Heerden dort stets im Freien liegen, ist diesem Hunde noch grössere Wachsamkeit und grösseres Misstrauen gegen seine Umgebung geboten, als dem Deutschen Schäferhunde, mit dessen Eigenschaften im übrigen die seinigen vollkommen übereinstimmen.

Gezüchtet habe ich diese Race noch nicht, habe sie aber öfter zur grossen Zufriedenheit der Herren Besteller von einem Thierhändler in *Troppau* (Oesterr.-Schlesien) bezogen.

## Allgemeines über den Pudel.

Der Pudel zeichnet sich durch grosse Intelligenz, heiteres Gemüth und Wachsamkeit unter den Luxushunderacen aus, was für alle Arten gilt.

Der Pudel hat eine breite, hohe Stirn, die Augen sind gross und leuchtend, die Ohren lang und mit langen Haaren bedeckt. Der Rücken ist gerade und der Schwanz stets gestutzt, so dass er einem vollhaarigen Pinsel gleicht. Die Läufe sind kräftig entwickelt und sehr sehnig. Das Haar ist wollig und sehr dicht, die Farbe variirt vom tiefsten Schwarz bis zum reinsten Weiss, jedoch erhalten Hunde von rein schwarzer oder rein weisser Farbe vor den anderen Arten den Vorzug, ohne dass die Racereinheit der übrigen in Zweifel gezogen werden könnte.

Alle Arten müssen sehr sauber gehalten und nach dem Inswassergehen oder Baden sehr gut abgetrocknet werden, damit sich nicht Rheumatismus einstellt. Ferner dürfen sie nicht zu gut im Futter stehen, denn sie werden leicht wohlbeleibt und sind sehr zur Räude, besonders zur nassen Räude, geneigt. Ebenso ist darauf zu achten, dass die Haare nicht gerade in die Augen stehen, denn sie werden sonst von thränenden Augen befallen und verlieren an ihrer Schönheit.

Um dem Pudel ein hübscheres Aussehen zu geben, scheert man ihm das Gesicht gewöhnlich aus, lässt aber einen Knebelbart stehen. Ebenso scheert man die Füsse und den halben Körper, wobei an den Fersengelenken eine sog. Manschette stehen gelassen wird. Durch mehrfaches Scheeren verliert das Haar des Pudels immer mehr seine Eigenschaft, sich zusammen zu rollen, so dass das schnell nachwachsende Haar dem Hunde schliesslich das Ansehen giebt, als wenn er hinten überbaut wäre. Dass das Scheeren im Winter unterlassen werden muss, bedarf wohl keiner Erwähnung.

Wie ich schon weiter oben erwähnte, besitzt der Pudel eine grosse Intelligenz, welche ihn dazu befähigt, selbst die schwersten Kunststücke mit grosser Leichtigkeit zu erlernen, so dass er der Clown unter den Hunden zu sein scheint. Er ist bei guter Pflege ein angenehmer Gesellschafter und zuverlässiger Wächter; stets zum Spielen und Capriolenmachen aufgelegt, unterhält er oft ganze Gesellschaften und weiss stets seinen Kunststücken kleine Variationen beizufügen, die man leicht benutzen kann, um ihn immer noch Neues zu lehren. Er lernt gern und leicht.

Es wird wohl wenig Hundeliebhaber geben, welche nicht Gelegenheit genommen hätten, sich in dem unübertroffenen Affentheater von *Broekmann* in *Berlin* von der Leistungsfähigkeit dieser Hunde zu überzeugen. Als Haus- und Familienhund findet er eine vielseitige Verwendung und ist vor allem der Liebling der Kinder; denn seine Kunststückchen, welche er willig vor Jedermann produzirt, geben denselben immer von neuem Veranlassung, sich des fröhlichen, unverdrossenen Spielkameraden zu erfreuen.

Sogar zur Hühnerjagd habe ich ihn zweimal als flotten Apporteur im Gebrauch gesehen, und bewundert. Er folgte dem Vorstehhund einige Schritte, um nach dem Schiessen beim Apportiren zu helfen, oder ging selbst suchend und vorstehend vor, jedoch ohne Marke zu geben.

Kreuzungen mit Deutschem oder Englisch-Deutschem Pointer zeigten sich äusserst klug und als vortreffliche Vorsteher wie Apporteure im Feld und Wasser.

## II. Der Königspudel

(Spanischer Schnürpudel).

Der Königs- oder Spanische Schnürpudel ist die grösste aller Arten, und zeichnet sich dadurch aus, dass sich sein langes Haar in Schnüre zusammendreht, welche oft die Länge von 40—50 cm erreichen und dem Hunde ein auffallendes Aussehen verleihen. Soll dieser Pudel immer ein schönes Aeusseres behalten, so bedarf es gerade bei ihm des grössten Fleisses Seitens seines Herrn, indem er regelmässig gewaschen und gekämmt werden muss. Er ist nach dem Waschen besonders sorgfältig abzutrocknen; denn es würden sich sonst bald bei ihm allerlei Krankheiten, wie Rheumatismus, Gicht u. s. w. einstellen.

II. Königspudel.

12. Löwenpudel.

## 12. Der Löwenpudel.

Er unterscheidet sich im Exterieur von dem Königspudel nur durch das Haar, welches gelockt ist und in reicher Fülle den Körper umgiebt. Was seine Klugheit anbelangt, so lässt er sich vom Königspudel nicht den Rang ablaufen. Seine Höhe variirt wie beim Königspudel, auch ist er ein ebenso lieber Spielkamerad für die Kinder und treuer, aufmerksamer Begleiter, als dieser.

## 13. Der Löwenspitzer.

Unter den zur Bewachung des Hofes und Hauses gehaltenen Hunderacen nimmt der *Spitz* die erste Stelle ein; er vereinigt mit einem reizbaren, unruhigen, kläffigen Wesen eine unermüdliche Wachsamkeit, welche selbst durch die grössten Strapazen nicht vermindert werden kann.

Wie sehr der Spitz von seinem Beruf als Wächter überzeugt ist, zeigt seine Eigenthümlichkeit, dass er sich nicht gern an einen bestimmten Ruheplatz gewöhnen kann und will. Bald pflegt er auf dem Düngerhaufen, bald in irgend einem Stallwinkel, bald vor der Haus- oder Hofthür sein Lager aufzuschlagen. Er muss frei und ungebunden das ihm zur Bewachung überlassene Revier durchstreifen können, so dass er ebenso gut auf den obersten Boden als in den tiefsten Keller des Hauses gelangen kann. Ebenso kontrolirt er die Ställe und die Gärten, und geht er wirklich einmal mit dem Pferdegespann auf das Feld, so ist sein Platz da, wo die Kleidungsstücke der auf dem Felde beschäftigten Leute liegen. Ebenso treu bewacht er den Wagen des auf einsamer Strasse fahrenden Frachtfuhrmannes, und zu der Zeit, wo das Frachtfuhrwerk noch in Blüthe stand, war ein guter Spitz ein sehr gesuchter und gut bezahlter Hund.

Der *Löwenspitzer* ist die grösste der Spitzerarten, eine Abart des grossen Spitz mit glattem Kopfe. Er erreicht fast die Grösse eines Fuchses, ist jedoch kräftiger und muskulöser als dieser. Der Kopf ist flach, die Schnauze spitz, die Ohren schmal und aufrecht stehend, was ein Hauptmerkmal für die Reinheit der Race ist. Spitzer mit halb umgelegten Ohren sind nicht so werthvoll, als die mit gerade aufrecht stehenden. Die Behaarung ist sehr reich und während sie im Gesicht, an den Ohren und an den Füssen kurz anliegend ist, verlängert sie sich an dem Halse — welcher kurz und kräftig sein muss — und der Brust zu einer dichten Mähne; der Rücken ist

13. Löwenspitzer.

gerade und die Ruthe ist ein voller buschiger Schweif, welcher grossentheils gerollt getragen wird. An den kräftigen Hinterschenkeln bilden sich Hosen. Zum grossen Theile ist die Farbe der Spitzer weiss, weissgelb und semmelgelb, selten kommen andere Spielarten vor, so dass der ganz schwarze Spitz eine grosse Seltenheit ist.

## 14. Der Englische Windhund.

Unter den verschiedenen Windhundarten nimmt dieser die erste Stelle wegen seiner Grösse ein. Der Bau dieser Thiere zeigt gleich von vornherein, dass sie die Fähigkeit besitzen, mit grosser Leichtigkeit bedeutende Strecken Weges zurückzulegen. Der Kopf ist langgestreckt, schmal mit spitzer Schnauze, das Auge gross, die Nase klein. Der Hals ist gut angesetzt, lang, muskulös und ein wenig gebogen. Der Brustkasten ist weit, was eine gute Ausbildung der Lungen ermöglicht. Die Hinterschenkel sind äusserst muskulös und von Fachleuten wird der Werth des Hundes nach der Stärke und Fesselung der Hinterschenkel festgestellt. Der Rücken ist nicht gerade zu nennen, darf aber auch kein Hängerücken sein und die Ruthe, welche lang, dünn und knöchern ist, muss lang, nach oben etwas gebogen getragen werden. Die Ohren sind bei allen Arten hoch angesetzt, stehen vom Kopfe etwas aufrecht ab und fallen in der Mitte gebrochen, spitz verlaufend nach hinten zu abwärts.

Die Behaarung der Windhunde ist meist kurz, weich und glatt anliegend. Der glatthaarige ist schneller als der lang- oder rauhhaarige, der letztere ist aber ausdauernder und auch zum »Bringen« leichter zu dressiren. Die Farbe ist keineswegs maassgebend, da alle Spielarten vorkommen und hier auch die Liebhaberei der einzig bestimmende Factor ist.

Die Benutzung der Windhunde ist keine allzu vielseitige, denn weder ihr Geruchsinn noch ihre Intelligenz sind derartig, dass sie zu vielen Diensten verwendet werden könnten. Ihr scharfes Auge befähigt sie neben ihrer sonstigen Bauart zur Verwendung bei der Hetzjagd, welche in England noch mit grosser Vorliebe getrieben wird.

Der Englische Windhund erreicht die Höhe von 70—75 cm und wird in seiner Heimath hauptsächlich zur Fuchs- und Hasenhetze benutzt.

Gute jagende Windhunde müssen schon von Jugend auf diäte Kost erhalten; Milch, dicke Suppen und Kartoffeln sind zu meiden; und stets müssen sie sich fleissig bewegen, damit sie in jeder Weise gewandt und schnell werden.

Ueber die nöthige *Dressur* theile ich noch Folgendes mit: Zwei dieser jungen Hunde werden daran gewöhnt, ruhig auf der rechten Seite des Jägers zu Fuss oder zu Pferde zu gehen. Sie werden an einem langen Strick geführt und müssen Appell haben, d. h. ruhig gehen, flink hinausfahren auf's Commando: »Hetz! Hetz!«, aber auch zurückkommen auf das Commando: »Zurück!« Am besten ist's, man führt einen älteren strick- oder leinenbändigen Hund mit den zwei jungen Hunden zugleich. Bei Unruhe werden sie mit »Wahre dich!«, »Schone dich!« zur Ruhe verwiesen und im Nothfall mit der Peitsche zum Folgen genöthigt.

Sind sie strickbändig, dann besuche man mit ihnen und einem alten fermen Windhunde eine weite ebene Fläche, wo wenig Hasen sitzen. Fährt einer heraus, und ist 40—60 Schritte weit fort, so löse man die Hunde und fordere sie mit »Hetz! Hetz!« zum Fangen auf. Vom alten Hunde lernen sie dann dem Hasen anzurücken oder zu rahmen, d. h. einer kommt dem Hasen zuvor und erleichtert somit dem folgenden Hunde den Fang des Hasen. Sie lernen dabei vom alten Hunde den Fang, das Greifen, das Todtwürgen — und das Apportiren des Hasen. War dies der erste junge Hase, so hetzt man an demselben Tage nur noch einen zweiten jungen und so auch an den nächsten 3—5 Tagen. Dann löst man die Hunde auch einmal, wenn ein alter Bursche herausfährt, der den Hunden natürlich viel mehr Arbeit macht, als ein Dreiläufer. Verstehen die jungen Hunde einen Hasen zu hetzen, zu rahmen, zu fangen, zu greifen und zu würgen, sowie auch zu bringen, so kann man den alten Hund weglassen. Eine Hauptsache ist es, dass sie sich nicht das Changiren angewöhnen, d. h. dass sie nicht einen zweiten in der Nähe aufstehenden Hasen annehmen und diesen oder gar einen dritten hetzen, denn das ist eine böse Untugend, wodurch meistens Fehlhetzen gemacht und die Hunde unbrauchbar werden. Sollte das Changiren bei einigen zur Unsitte geworden sein, so bringe man die jungen Schlingel sofort wieder zu alten sicheren Hunden und hetze von neuem nur junge Hasen.

Ferner ist's eine Hauptsache, dass unter dem »Strick« — so heissen die zusammen geführten und zusammen hetzenden 2—3 Hunde — ein »Beschützer« ist, das heisst ein Hund, der den gewürgten Hasen schnell fasst, die andern nicht zum Anschneiden oder zum Reissen des Hasen kommen lässt — und solchen rasch apportirt. Man kann einen solchen Beschützer dadurch approbiren, dass man dem gewandtesten und herzhaftesten besonders ein flottes Apportiren beibringt, und diesen herzhaftesten erkennt man wiederum daran, dass er einen hingeworfenen Knochen oder einen anderen grösseren guten Brocken sofort aufnimmt und ihn keinem andern überlässt.

Ebenso fängt man auf etwas coupirten, mit Holzparzellen versehenen Reviertheilen, wo bei schönem Wetter Füchse ausserhalb des Baues liegen, den Fuchs.

Windhunde, die im Stande sind, einen älteren Hasen allein zu fangen, werden Solofänger genannt und sind besondere Virtuosen, denn angelernt kann das keinem Windhunde werden, er selbst muss ein so enormer Läufer sein.

In jedem Falle hetze man an einem und demselben Tage nicht viele Hasen, nur 2—4, und mit dem Solofänger höchstens einen am Vormittag und einen am Nachmittag.

14. Englischer Windhund.

15. Afrikanischer Windhund.

## 15. Der Afrikanische Windhund

ist in seinem Charakter der vorher beschriebenen Hundeart ziemlich ähnlich und unterscheidet sich von derselben nur durch das Exterieur, auch ist er lange nicht so schnell, als der Englische Windhund. Er lebt in Afrika meist herrenlos und findet dort sehr wenig Beachtung.

## 16. Das Windspiel.

Ein Diminutivum der unter Nr. 14 und 15 beschriebenen Racen ist das Windspiel. Es ist von ungleich zarterer Bauart, ohne die Eigenthümlichkeiten der kräftigeren Arten verloren zu haben. Die Windspiele kommen auch in allen Farben vor, am meisten jedoch ist die mäusefalbe und erbsgelbe vertreten. Rein schwarze oder rein weisse und gefleckte gehören zu den Seltenheiten.

Das Windspiel ist ein vorzügliches Salonhündchen, denn es liegt viel lieber auf weichem Kissen, als dass es für seine Pflicht hielte, seinen Herrn zu begleiten. Jedes kalte Lüftchen berührt es unangenehm und kleine Krankheiten sind nichts Seltenes bei ihm.

Einer der grössten Liebhaber dieser Hunderace war *Friedrich der Grosse,* welcher stets einige dieser graziösen, eleganten Thierchen um sich hatte. Eines derselben, dessen Name der Nachwelt noch aufbewahrt worden ist, *Piche,* hat sich eines so grossen Wohlwollens dieses grossen Monarchen zu erfreuen gehabt, dass ihm alle Dummheiten gern verziehen worden sind.

16. Windspiel.

17. Mexikanisches oder nacktes Windspiel.

## 17. Das Mexikanische oder nackte Windspiel.

Es gehört eine eigenthümliche Liebhaberei dazu, dieses in seinem Körperbau dem Windspiele vollständig ähnliche Thier immer um sich zu haben, denn es ist bis auf einen Haarschopf auf dem Kopfe und einen Haarbüschel am Schwanzende vollständig nackt. Die Haut hat ein speckig-glänzendes Aussehen und ist von Farbe dunkelblaugrau, mäusefahl, fleischfarben mit zuweilen über den Körper verstreuten helleren Flecken. Dass die Empfindlichkeit dieser Hunde bei ihrer vollständigen Nacktheit noch grösser ist als die der Windspiele, ist wohl selbstverständlich und man sieht dieselben nur an den wärmsten Sommertagen im Freien.

## 18. Der Eskimohund.

Wie schon der Name sagt, ist dieser Hund der Hausgenosse des Eskimo, befindet sich also im höchsten Norden. Er ist neben dem Rennthiere das einzige Thier, welches sich in diesen Regionen dem Menschen zu Diensten gestellt hat. Er ist den Eskimos unentbehrlich und ihr Reichthum wird nach ihrem Besitze an Rennthieren und Hunden eingeschätzt.

Der Eskimohund ist von mittlerer Grösse, hat schwarzes, äusserst dichtes, langes Haar, spitze, stets hochgerichtet getragene Ohren, eine etwas längliche und spitz zulaufende Schnauze, kräftige, aber nicht sehr dicke Läufe, eine buschige Ruthe und dunkel gefärbte Augen.

Er ist von Jugend auf daran gewöhnt, das harte Loos seines Herrn zu theilen und ist deshalb bei seinen sehr gut ausgebildeten Athmungswerkzeugen fähig, als Zugthier, wozu er meist dient, unglaubliche Strecken Weges in grosser Geschwindigkeit zurückzulegen.

18. Eskimohund.

19. Stallpinscher.

## 19. Der Stallpinscher.

Das beifolgende Bild zeigt uns die Eigenthümlichkeit dieses Hundes sehr deutlich, der unter den Nutzhunden einen hervorragenden Platz einnimmt.

Ein bestimmter Typus für ihn ist nicht leicht festzustellen, da er aus allerlei Bastards von aller möglichen Abstammung und Zusammensetzung entstanden ist.

Der Stallpinscher ist der grösste unter den Pinschern und erreicht eine Höhe von 40—50 cm. Der Kopf ist im Verhältniss zum Körper gross und hat ein Paar grosse, volle Augen, aus denen bedeutende Intelligenz spricht. Die Schnauze ist kurz und breit und endet mit einer schön geformten Nase. Die Behaarung ist halblang und dann straff oder kurz; die Farbe rehgrau, mausgrau oder stahlblau. Es giebt aber auch gelbe, gelbgraue oder auch schwarze Pinscher, die ebenso gesucht sind, während bunte nur schwer Liebhaber finden. Die Ohren und der Schwanz werden stets coupirt.

Bei seiner grossen Vorliebe für Pferde eignet sich dieser Hund vorzugsweise zum Stall- und Kutscherhunde, und man sieht nicht selten den Pinscher mit derselben Gravität und demselben Machtbewusstsein, wie sie wohl sein Herr, der Kutscher, in nicht geringem Maasse besitzt, auf dem Kutscherbock thronen.

## 20. Der Rattler.

Wie schon der Name sagt, zeichnet sich dieser Hund als tapferer Feind des ekelhaftesten aller Nager, der Ratte, aus. Neben seiner Verwendbarkeit als Stuben- und Stallhund ist es jedoch sein grösstes Vergnügen, allem Ungeziefer in Hof und Feld und vorzüglichst der Ratte nachzustellen, und wäre der Erfolg den aufgewandten Bemühungen entsprechend, dann würde dieses Thier sehr bald nur noch dem Namen nach bekannt sein. Unermüdlich liegt er vor den Löchern, aus welchen sie heraus kommen müssen und hätte er neben seinem äusserst scharfen Gebiss noch die scharfen Krallen der Katze, so würde ihm selten eine entgehen.

Er ähnelt in allem dem Stallpinscher, nur ist sein Körperbau nicht so stark und massig. Seine Farbe ist grau, gelb und auch zuweilen bunt.

20. Rattler.

21. Seiden- oder Affenpinscher.

## 21. Der Seiden- oder Affenpinscher.

Je nach der Behaarung nennt man dieses kleine, drollige Thierchen Seiden- oder Affenpinscher. Ist das Haar fein und lang, so ist es ein Seidenpinscher, ist es stärker und kurz, ein Affenpinscher. In ihrem Wesen und sonstigem Aeusseren stimmen beide vollständig überein, weshalb ich sie hier auch zusammen beschreibe. Diese Hunde sind stets fidel und zu den tollsten Streichen aufgelegt und ertragen trotz ihrer Kleinheit und Zartheit ziemliche Anstrengungen. Sie verstehen sich in alle Verhältnisse zu fügen, sind fröhlich mit den Fröhlichen und traurig mit den Traurigen und auch gute Hausgenossen anderer Hunde, ja sogar der Katzen, mit denen sie nicht selten aus einem Napfe fressen. Nur darf sich kein unbekannter Hund ihrer Race sehen lassen, sonst erwacht gleich ihre Eifersucht und sie ruhen nicht eher, als bis der Nebenbuhler Haus oder Hof verlassen hat. Sie sind sehr wachsam und den Kindern durch ihre Munterkeit und Unverdrossenheit willkommene Spielgefährten. Sie lassen es sich nicht nehmen, ihren Herrn oder die Herrin auf Spaziergängen zu begleiten, und ihr drolliges Wesen lässt dann gern einen anderen Gesellschafter vermissen.

## 22. Der Englische Pinscher.

Von den kleineren Hunderacen, welche ihren Aufenthalt im Salon und in dem Damen-Boudoir haben, ist die des Englischen Pinschers wohl die kleinste, sauberste und niedlichste. Seine Höhe erreicht in den seltensten Fällen 25 cm. Der ganze Körper ist so zart und in allen seinen Theilen dennoch so wohl proportionirt, dass man dieses reizende Thierchen nur gern ansieht. Seine Farbe ist grossentheils schwarz mit gelben Extremitäten.

Da es sich hier um die Kleinheit handelt, so ist der kleinste Hund der theuerste und es sind schon für kleine schöne Exemplare unverhältnissmässig hohe Preise gezahlt worden.

In Süddeutschland wird eine grössere Art dieser Hunderace gezüchtet und ist unter dem Namen »*der Englische Rattler*« bekannt. Im Ganzen dem Pinscher sehr ähnlich, ist der Rattler nur etwas stärker und grösser, so dass man ihn auch als Stall- und Haushund benutzen kann.

Nach meiner Ansicht ist diese Hundeart aus der Paarung des krummbeinigen Dachses mit dem kleinen Windspiel entstanden.

**22. Englischer Pinscher.**

**23. Löwenhündchen.**

## 23. Das Löwenhündchen.

Diese jedenfalls aus der Kreuzung des kleinen Pudels mit dem kleinen Pinscher entstandene Hundeart ist noch wenig bekannt, obgleich sie wegen ihres wunderhübschen Aussehens und ihres treuen, anhänglichen Charakters einen bevorzugten Platz unter den Salonhündchen einnehmen müsste. Während dieses Hündchen im Aeusseren dem kleinen Pinscher ähnelt, verstärkt sich seine den Körper weich und glänzend umgebende Behaarung um den Hals und um die Brustgegend zu einer Mähne, welche ihm ein löwenähnliches Aussehen giebt. Die Munterkeit und Treue des Pinschers mit der Gelehrsamkeit und Gewandtheit des Pudels verbindend, ist dieses Thierchen nicht blos zum Liebkosen und Tändeln zu gebrauchen, sondern wirklich ein angenehmer Gesellschafter.

## 24. Das Bologneser Hündchen.

Wie schon der Name sagt, ist die Heimath dieses früher sehr beliebten Damenhündchens Italien. Man könnte es oft mit dem King-Charles-Pudel verwechseln, dem es in seinem Exterieur gleicht, nur ist sein Haar noch bedeutend weicher und glänzender. Namentlich müssen die hängenden Ohrenlappen mit seidenweichem Haar drapirt sein. Der Bologneser muss sehr sorgsam gepflegt werden und ist und bleibt stets nur ein Unterhalter, ein lebendiges Spielzeug der Salondame, der er gleichsam von der Schöpfung als ein feines Nipp zugedacht ist. Meist zeigt er sich phlegmatisch, wohl elegant, aber dumm und faul, dabei noch eigensinnig und kläffig.

Die Farbe des glänzenden Haarkleides ist meisst weiss; am elegantesten sind jedoch die silberbläulich grauen und die matt löwenfarbigen. Seine Höhe variirt zwischen 30 und 36 cm.

In Deutschland ist er schon längst durch das *Havana-Hündchen* verdrängt, dessen Beschreibung unter Nr. 30 folgt.

24. Bologneser Hündchen.

25. Bull-Terrier.

## 25. Der Bull-Terrier.

Diese Hundeart ist ein Miniaturbild der grossen Bulldogge, von der sie offenbar durch wohlgelungene Kreuzung abstammt; sie hat mit Ausnahme der Doppelnase, welche hier nur einfach ist, deren ganzes Aussehen. Ihre Höhe erreicht 35—50 cm und die Farbe ist grossentheils weiss mit unregelmässig gezeichneten schwarzen und gelben Flecken. Ob die Ruthe coupirt oder lang gelassen wird, beruht ganz auf Liebhaberei; ich meinestheils coupire die Ruthe nur halb, wie es auch aus der nebenstehenden Abbildung zu ersehen ist. Die grosse Treue, Wachsamkeit und Reinlichkeit dieser Species eignet sie ebenso zum Zimmer- wie zum Hof- und Stallhund. In Bezug auf ihre Verfolgungswuth gegen Ratten und Mäuse macht sie sogar dem Rattler Concurrenz, und ich gestehe offen, nicht begreifen zu können, warum diese in ihrer Art wirklich hübsche Hundeart sich nicht schon mehr Freunde unter den Sportsmen erworben hat. Jedenfalls rührt dies von der vorgefassten Meinung her, diese Hundeart sei keine constante Race. Ich kann sie aber den Hunde-Liebhabern nicht genug empfehlen und stehe gern mit näheren Nachrichten darüber zur Verfügung.

## 26. Der Fox-Terrier.

In ihrem Wesen ähnelt diese Hundeart sehr der vorher beschriebenen und ist ein Bastard vom *Bull-Terrier* und dem *Englischen grossen Pinscher*. Der Kopf ist dem des Pinschers ähnlich, die Farbe gewöhnlich weiss mit einigen unregelmässigen Flecken von schwarzer oder gelber Farbe.

Auch diese Art findet ihre Verwendung als Haus- und Stallhund, eignet sich aber besonders für den Stall und findet ihr grösstes Vergnügen in der Begleitung der Pferde. Ihre Grösse beträgt meistens 35—45 cm.

Auch sie ist in der Regel den Ratten sehr feind und stellt ihnen eifrig nach.

**26. Fox-Terrier.**

**27. King-Charles-Hund.**

## 27. Der King-Charles-Hund.

Seinen Namen hat dieses reizende Damen- und Schooshündchen von der an Narrheit grenzenden Liebhaberei, welche ihm von Seiten der Englischen Könige Karl II. und Karl III. entgegengebracht wurde. Zur Zeit dieser Herrscher war diese Hunderace sehr in Aufnahme, und es wurden schon damals selbst für die heutige Zeit enorme Preise für ein schönes Exemplar angelegt. Heute kommt es nur noch selten vor und steht nur als Liebling der Damen in einiger Nachfrage.

Seine Farbe ist schwarz oder weiss mit rostrother Abzeichnung. Seine Höhe beträgt 30—40 cm. Ebenso wie das *Bologneser-Hündchen* besitzt es ein grosses Phlegma und ist deshalb auch leicht von Triefaugen, Fettsucht und Kurzathmigkeit heimgesucht.

Ich habe diese Race früher viel gezüchtet, doch die Zucht derselben aufgegeben, denn es ist wirklich eine der dümmsten Hunderacen, und intelligentere Exemplare gehören zu den grössten Seltenheiten.

## 28. Das Wachtelhündchen.

Es ist ein Abkomme des *King-Charles* und unterscheidet sich von demselben nur durch den schmäleren Kopf, kürzeren Behang und seine Farbe, welche in der Regel bunt ist. Es hat vor demselben den Vorzug, dass es nicht so leicht den dort angeführten Krankheiten verfällt, und ist sehr als wachsames Stubenhündchen und angenehmer Begleiter auf Spaziergängen zu empfehlen.

**28. Wachtelhündchen.**

**29. Mops.**

## 29. Der Mops.

Seit der *Internationalen Hunde-Ausstellung zu Dresden* 1876 erfreut sich der Mops einer vielseitigen Aufnahme. Während er vor dieser Zeit nur selten angetroffen wurde, sieht man ihn jetzt in allen Städten und bei den Händlern ist nach ihm rege Nachfrage. Der Grund, dass der Mops in früheren Zeiten nicht so häufig war, mag wohl darin liegen, dass er seines Phlegma's wegen sehr zur Fettleibigkeit und in Folge dessen zur Faulheit neigte und einen höchst launenhaften, mürrischen Charakter hatte. Durch vielseitige Mischungen ist es nun gelungen, einen dem früheren Mopse äusserlich ganz ähnlichen, aber in Betreff seines Charakters und sonstigen Wesens vollständig verschiedenen Hund zu züchten. Gegen den früheren durch seine Wohlbeleibtheit jede Anstrengung und Bewegung vermeidenden Mops ist jetzt ein Hund von rascher Beweglichkeit und dem entsprechenden heiteren Charakter entstanden.

Der Körper des Mopses ist kurz und gedrungen, die Brust breit und der Bauch gut abgerundet, die Läufe stark, gerade und gut unter dem Körper stehend, die Schnauze kurz, stumpf und breit, ohne aufgestülpt zu sein, der Kopf gross, dick, rundlich ohne Einschnitt in die Hirnschale, das Auge gross, feurig und hervorstehend, die Maske und Behänge sind je schwärzer, je schöner, das Gesicht schwarz, die Hautrunzeln sehr tief, und ein schwarzer Strich zieht sich vom Hinterkopf bis zur Ruthe. Letztere wird geringelt über einer Keule getragen.

Die Farbe ist silbergrau oder aprikosengrau und das Haar ist fein, kurz, weich und glänzend, ohne wollig zu sein; die Höhe ist 30—40 cm.

In der Neuzeit ist man von dem Verkürzen der Ohren abgekommen, so dass Hunde mit verkürzten Ohren nur auf Bestellung abgegeben werden.

Der Mops ist ein guter Zimmerhund, treu, wachsam und den Kindern des Hauses sehr ergeben. Auf den Spaziergängen unterhält er durch sein munteres Wesen, das sich zu den tollsten Sprüngen und Dummheiten hinreissen lässt.

## 30. Das Havanahündchen.

Unter den Salonhündchen nimmt dieses hier an der letzten Stelle der kleinen Hunde erscheinende Hündchen unbedingt die erste Stelle ein. Das lange, blendendweisse Haar bedeckt den kleinen zierlichen Körper in solcher Fülle, dass es kaum aus den treuen, klugen Augen sehen kann. Nicht selten hat das Hündchen ein röthlich gelbliches Ohr oder einen solchen Fleck, was seinen Werth in keiner Weise beeinträchtigt. Es erreicht eine Höhe von 35 cm.

Das Havanahündchen ist äusserst wachsam und treu, wodurch es neben seinem Zweck als Salonhündchen auch noch den eines aufmerksamen Wächters erfüllt.

Mit diesem Hündchen schliesse ich die Reihe der Luxus- und Salonhunde. Wenn ich bei vielen derselben von einer näheren Beschreibung ihres Aeusseren Abstand genommen habe, so bitte ich dies zu entschuldigen, da die dem Werkchen beigefügten Abbildungen zur Genüge Aufschluss geben werden, denn dieselben sind fast alle von vielfach prämiirten Musterexemplaren entnommen und führen die betreffenden Thiere dem geneigten Leser gewiss besser vor, als es die genaueste Beschreibung in Worten thun könnte.

**Otto Friedrich**
*Zahna.*

30. Havanahündchen.

## Allgemeines über den Hühnerhund.

Ob der Deutsche Hühnerhund noch in ganz reinem Blute zu finden, ist zu bezweifeln, da die epidemische Modenarrheit, das eigene reine Deutsche Blut durch ausländisches der individuellen Vielseitigkeit zu berauben, vor Jahren zu sehr überhand genommen hatte, und heute noch ihre giftigen Blüthen treibt. Aber mit Freude ist zu melden, dass endlich die Mahnung Unbeirrter und die Erfahrung vieler Beirrter uns den Vorzug des Deutschen Hühnerhundes doch erkennen liess, und nun reine Deutsche Hunde wieder zu dem hohen Ansehen kommen werden, das sie für uns in Deutschland voll und ganz verdienen.

Die betrübende Sucht, alles aus dem Auslande Stammende besser zu heissen, als das aus dem Vaterlande, ist ein trauriger Beweis von mangelndem Patriotismus. Mag man mir tausendfach erwidern, alles das sei international, und man müsse Alles prüfen und das Beste behalten — ich stimme darin nicht mit überein. Schon die verschiedenen Anschauungen, die in den neueren Werken tüchtiger Jägersmänner und Hundekenner hervortreten, geben meiner Ueberzeugung Recht. Selbst diejenigen, die gern noch eine Lanze für den Englischen Pointer oder den Englischen Setter einlegen möchten, die müssen, erdrückt von der Wahrheit, für die ich und Andere schon seit beinahe einem Vierteljahrhundert eingetreten sind, zugeben, dass unseren Terrainverhältnissen kein Hühnerhund angepasster ist, als unser Deutscher, sowohl der glatthaarige, als auch der langhaarige, sowie der struppige oder rauhhaarige Hühnerhund.

Die einzige vortheilhafte Kreuzung für unsere Jagdansprüche ist die sich äusserst bewährt habende unseres Deutschen Hundes mit der Englischen Pointer-Hündin.

Aber auch diese Kreuzung würde eine vollkommen überflüssige sein, wenn wir heutzutage noch reine Altdeutsche Hunde hätten, und wenn wir, wie in alter Zeit, die Hunde je nach ihrer hervorragenden Begabung benutzen würden, wenn wir also Vorsteher, Apportirer, Wald-, Wasser- und Feldarbeiter in unseren Hundezwingern neben den Bracken, Schweiss- und Dachshunden uns hielten. So aber ist sämmtliche Jagdarbeit auf zwei Hunde geladen: die meiste auf den Hühnerhund, und die übrige, die jener unmöglich erledigen kann, auf den Dachshund.

Die Zertheilung und Verkleinerung der Jagdreviere, die gesammten jetzigen jagdlichen Verhältnisse haben das so mit sich gebracht. Wer allerdings so glücklich ist, auf eigenem Grund und Boden zu jagen, wer Wald-, Feld- und Wasserjagd sein eigen nennt, oder enorme Complexe gepachtet hat, nun der wird sich auch alle Arten Jagdhunde halten. Wer aber nur wenig Holzjagd, etwas Wasserjagd und grössere Feldjagd gepachtet oder zu eigen hat, der wird des bescheidenen Waldreviers von circa 200 ha wegen keinen Schweisshund halten, selbst wenn er öfters ein Stück Rothwild schiesst, sondern er wird sich mit einem braven Deutschen, mindestens »mehr Deutschen« Hühnerhunde, und ein bis zwei Dachshunden begnügen. Der Hühnerhund wird Feld-, Wald- und Wasserarbeiter zugleich sein müssen. Ebenso wird er auch Schweisshundsdienste ausüben müssen, wenn dieses Rollenfach nicht gerade einem darauf abgerichteten Dachshunde zugefallen ist.

Wir sind also vor einem Stadium angelangt, wo von unserem Hühnerhunde enorm viel verlangt wird, und wo auch der Dachshund mehr leisten soll, als seine wackeren Kämpfe mit Dachs, Fuchs, Iltis und Marder.

So ganz neu ist die Geschichte mit dem »Gebrauchshunde« aber nicht, denn wir haben solche bereits seit einem Vierteljahrhundert und länger. Der Bedarf des Hundes richtet sich also ganz nach dem Revier, ob es vorherrschend Wald- oder Feldjagd ist, ob viel oder wenig Wasserjagd zu bewältigen ist. Im letzteren Falle rathe ich stets, ausser dem glatt- oder langhaarigen Deutschen Hühnerhunde noch einen stichel- oder rauhhaarigen Hund zu halten, der ebenfalls in den Jagdelementen: Wasser, Feld und Wald zu Hause ist, meistens aber zur Wasserjagd gebraucht werden mag, während die Teckel im vierten Jagdelemente unter der Erde zu arbeiten haben.

Wenn *Hegewald* in seinem sonst so trefflichen Werke »Der Gebrauchshund« aber sagt (Seite 91), in keinem Falle dürfe langhaariges Blut Verwendung finden, so ist das unrichtig! Ich habe drei langhaarige Hühnerhunde gekannt, und etliche Felder mit ihnen gejagt, von denen namentlich der eine, eine schwarze Hündin, Kreuzung eines Deutschen Hühnerhundes und eines Englischen Setters, ganz Unübertreffliches in den drei Jagdelementen: Wald, Wasser und Feld leistete.

Hätten wir lauter solch begabte und brillant abgeführte Gebrauchshunde, wie jene drei langhaarigen Hündinnen es waren, so wäre jedes weitere Wort über Kreuzung, Züchtung, Aufzucht, Begabung und Abführung überflüssig.

Um kurz zu sein, sei nur gesagt, dass Englische Pointer wie Englische Setter für unsere Verhältnisse nicht passen, überhaupt der Vielseitigkeit des reinen Deutschen Hühnerhundes gegenüber, weit zurückbleiben an Güte und Werth. Da, wo enorm grosse Feldflächen grosser Güter von wenigen Jägern abgesucht werden, ist es allerdings ganz vortheilhaft, ausser dem Deutschen Hühnerhunde einen Englischen Pointer zu führen; in kleineren Stücken aber und bäuerlichen Feldfluren, sowie im Wald auf Schlägen oder in Culturen und im Sumpfe zur Bekassinenjagd, ist der Deutsche Hühnerhund daheim und unersetzlich brav.

## 31. Der Gebrauchshund

(Jagd- und Vorstehhund).

**Englisch-Deutsche Kreuzung.**

Wir Männer sind sehr schnell bereit dem schöneren Geschlechte den Vorwurf zu machen, dass es zu sehr die herrschende Mode nachahme, ohne zu berücksichtigen, ob das durch die Mode Aufgebrachte oder als modern Geltende auch gut und praktisch sei. Aber wie sehr verdient auch der Jäger, der doch sonst so zäh an dem Althergebrachten und vielfach als richtig und gut Erprobten hängt und festhält, in Bezug auf seine Jagdhunde diesen Vorwurf, denn es gab und es giebt heute noch Jäger, vor deren Augen kein anderer Hund als der Englische Vollbluthund Gnade fand und findet. Auch ich, um dem Verlangen der Herren Besteller gerecht zu werden, und in dem Bestreben, stets nur das Beste zu liefern, habe mich seiner Zeit leider zum äusserst empfindlichen Nachtheile meines Geldbeutels, von meiner bis dahin verfolgten Praxis, den Englischen Pointer mit dem alten Deutschen Hunde zu kreuzen, durch die Seiten langen Lobeserhebungen und fachmännischen Artikel der Jägerzeitungen abbringen lassen und habe für schweres Geld nur Vollbluthunde aus England bezogen. Neben meinen pecuniären Opfern scheute ich keine Mühe, um dem jagenden Publikum den denkbar besten Jagdhund vorzuführen. *Gordon, Irische, Laveraksetter, Englische* und *Französische Pointers, Polnische* und *Böhmische Jagdhunde* bezog ich und liess sie abführen, ohne den Erfolg zu erzielen, einen für sämmtliche Terrain-Verhältnisse brauchbaren und jeder Jagdart gerechten Hund zu schaffen. Am brauchbarsten war noch von allen diesen Racen der *Böhmische* stichelhaarige Vorstehhund, denn er war nicht einseitig, zeigte aber oft ein störrisches, bissiges Wesen, so dass ich auch ihn nach einiger Zeit, trotz seiner schönen Figur, nicht mehr züchtete.

31. Gebrauchshund.

Durch solch empfindlichen Schaden klug geworden, entschloss ich mich zur grossen Freude meiner Jagdfreunde, durch welche ich immer und immer wieder auf die grossen Vorzüge der von mir früher gezüchteten, aus der oben angeführten Kreuzung hervorgegangenen Hunde hingewiesen wurde, meine noch vorhandenen Englischen Pointers, Setters u. s. w. abzuschaffen und zu dem alten bewährten System, Hunde aus Englischen Pointerhündinnen von Altdeutschen Hunden zu züchten, zurückzukehren, ohne dass mir, wie in den fachmännischen Zeitungen prahlerisch vorausgesagt wurde, ein Nachtheil entstanden wäre. Im Gegentheil, ich kann sagen, dass mein Bestreben, diesen Hund von der Altdeutschen Abstammung wieder zu Ehren zu bringen, von grossem Erfolge begleitet gewesen ist, wie es meine Versandlisten und die in meinem Kataloge enthaltenen Anerkennungsschreiben von vielen in den Sportsmenkreisen hochangesehenen und maassgebenden Herren beweisen können. Auch wird mir jetzt die Genugthuung zu Theil, dass gerade von denjenigen, welche mich s. Zt. in den Fachzeitungen fast unerlaubt angriffen, Hunde der von mir in Anwendung gebrachten Kreuzung mit derselben Reclame annoncirt werden, unter welcher früher die Englischen Vollbluthunde zum Verkauf angeboten wurden.

Es mag auch wohl kein anderer Hundezüchter in der Lage sein, sich der Züchtung und Dressur der Jagdhunde mit demselben Erfolge wie ich zu unterziehen, denn das von mir erpachtete Jagdterrain umfasst einen Flächenraum von circa 20000 Hectaren. Dieses grosse Revier begehen meine Jäger und ich mit Ausnahme der wenigen Treibjagden ausschliesslich, und es wird wohl Niemand bestreiten können, dass auf solch ausgedehntem Reviere Gelegenheit geboten wird, den Hund in jede Art der Jagd einzuweihen und so zu dressiren, dass er allen Anforderungen entspricht.

Der Gebrauchshund ist zu jeder Jagd zu gebrauchen, und hat das Angenehme, dass er bei seiner ausserordentlichen Intelligenz und Findigkeit in erstaunlich kurzer Zeit dressirt werden kann, denn es sind Fälle vorgekommen, dass Hunde in der Zeit von 6 Wochen bei täglicher Führung vollständig zur Feld-, Holz- und Wasserjagd fern geworden sind, was eben nur bei solch ausgedehnten Jagdrevieren möglich ist, wie sie meinen Jägern zur Verfügung stehen.

Mein Gebrauchshund ist ebenso zur Feld-, wie zur Holz- und Wasserjagd zu verwenden. Terrainschwierigkeiten existiren für ihn nicht, er findet und bringt Alles, und selbst wenn das geflügelte Huhn in einer der schärfsten Dornenhecken sich zu verbergen sucht, er holt es heraus. Das Raubzeug mag noch so um sich beissen oder schlagen, er würgt es und legt es seinem Herrn zu Füssen. Die Suche ist weder zu flott noch zu langsam, und seine Ausdauer ist unermüdlich.

Die Beschaffung eines solchen Hundes ist durchaus nicht mit grossen Geldopfern verknüpft, denn ich gebe einen jungen Jagdhund von 6 Wochen für Mark 15.— und von 12 Monaten für Mark 45.— und solche, welche schon einige Dressur haben, für Mark 60.— ab. Ferm dressirte Hunde sind theurer und steht zur näheren Information mein in Deutscher und Französischer Sprache erscheinender Preis-Courant franco und gratis zur Verfügung.

Die Bauart des Gebrauchshundes ist weder zu schwer noch zu leicht, das Haar kurz und straff, die Farbe braun, braunweiss, weissbraun, forellentigerig, schwarz- und schwarzweiss; die Ruthe ist fast ausschliesslich etwas gekürzt, damit er bei der Holzjagd im Stangenholze sich die Spitze nicht aufschlägt, was eine fortwährende Blutung erzeugen würde.

* * *

Mit besonderer Genugthuung darf ich noch constatiren, dass in der neuesten Zeit alle maassgebenden Fachblätter von ihren früheren gegentheiligen Ansichten abweichen und meiner von jeher verfochtenen Meinung beitreten, dass der Gebrauchshund als am geeignetsten für unsere Jagdverhältnisse bezeichnet werden muss.

**Otto Friedrich**
*Zahna.*

32. Alter Deutscher Vorstehhund.

## 32. Der alte Deutsche Vorstehhund.

Wenn je das Wort des Dichters »warum in die Ferne schweifen? denn das Gute liegt so nah« eine praktische Anwendung finden dürfte, so ist es bei unserem braven, alten Deutschen Vorstehhunde, denn er ist der Hund aller Hunde und ist leider, ich möchte sagen, zur Schande der Deutschen Jägerwelt, fast ganz von den Jagdrevieren verschwunden.

Der Deutsche Jägersmann kennt wohl den Werth dieses Hundes, und seine grösste Freude würde es sein, wenn er wieder in den Besitz eines solchen kommen könnte, denn dann hätte er auf seinen Gängen im einsamen Walde oder auf weitem Felde einen Begleiter, auf welchen er sich in jeder Beziehung verlassen könnte. Aber leider sind diese Herren nicht so gestellt, um ihrer Herzensneigung Geldopfer bringen zu können, und die Herren, welche es durchführen könnten, sind in der Regel für die Englischen Hunde so eingenommen, dass wohl schwerlich an eine baldige Rehabilitirung dieses verkannten Hundes zu denken ist.

Zur Beleuchtung des Unterschiedes zwischen dem Deutschen Hunde und dem Englischen Vollbluthunde sei es mir vergönnt, ein Jagdabenteuer, welches ich in meiner Jugend mit erlebt habe, zu erzählen. Der heute noch in den Jägerkreisen als tüchtiger Jäger wohl bekannte Herr *Kühn* aus *Elster a/Elbe* hatte mit einem Freunde aus einem Kahne zwei Biber auf der Elbe geschossen und forderte seinen Freund auf, nun seinen ferm dressirten Englischen Vollblut-Pointer, welchen er zu sehr hohem Preis beschafft und über alle Maassen gelobt hatte, nach dem einen Biber, der todt im Heeger lag, zu schicken, während der alte Deutsche Hund des Herrn *Kühn* sich mit dem anderen nur durch das Kreuz geschossenen Biber noch in der Elbe herumbalgte. Wer aber nicht zum Apportiren zu bringen war, das war der Herr Engländer, und selbst als man bis an den Heeger nahe heran gefahren war, konnte der Hund nicht dazu bewogen werden, den Biber auf diese nahe Entfernung zu holen, bis er mit Gewalt aus dem Kahne herausgeworfen wurde. Er lief dann bis zu dem Biber hin, beschnüffelte ihn, dachte aber nicht daran, denselben zu apportiren. Es war in Folge dessen der alte brave Deutsche gezwungen, nachdem er dem anderen Biber den Garaus gemacht und ihn zu dem Kahne gebracht hatte, auch noch den todten zu holen, was er auch ohne Weigern that. Dasselbe wiederholte sich am Abend bei der stattfindenden Jagd auf Gänse; der alte Hund musste die erlegten Gänse holen und der Herr Engländer sah zu; da musste sich der Freund von dem alten Herrn *Kühn* sagen lassen: »Du bist doch sonst ein alter Deutscher und lässt Dir da solch Englisch Pflaster aufheften!«

Welch theures Andenken dem alten Deutschen Hunde trotzdem noch in vielen Kreisen bewahrt wird, hat mir die im Jahre 1876 in *Dresden* stattgefundene Hunde-Ausstellung gezeigt, wo ich einen alten in Hühner-, Hasen-, Fuchs- und Saujagden erprobten Hund zur Ausstellung gebracht hatte. Er war das einzige, ja vielleicht einzig überhaupt noch lebende Exemplar der echt Altdeutschen Race auf der Ausstellung und wurde selbst von Sr. Majestät dem König *Albert von Sachsen* und seinem Gefolge lange Zeit bewundert und mit Freuden als ein Repräsentant der alten Deutschen Jagdhunde begrüsst. Leider konnte er nicht mit der ihm gern verliehenen goldenen Medaille prämiirt werden, weil das Statut vorschrieb, dass Hunde mit schlechten Zähnen nicht prämiirt werden durften, und gute Zähne hatte er nicht mehr, denn er zählte bereits über 12 Jahre. Trotzdem bedachte man ihn mit einem Ehrenpreis.

Von einem alten Dresdener Waidmann wurde sein Stand durch einen Lorbeerkranz mit der Inschrift geschmückt:

„Dein zerschlagenes Gesicht und deine Wunden
Sind Zeugen vieler heisser Stunden,
Drum sei Dir dieser Lorbeerkranz gewunden."

Wenn auch nicht allen Ansprüchen der Metrik entsprechend, so sagt dieses kleine Verschen sehr viel, und wer es gut mit diesem Veteran der Deutschen Hunde meint, wird diesen Worten beistimmen.

Der alte Deutsche Vorstehhund erreicht eine Höhe von circa 53—60 cm und ist im Verhältniss zu seiner Höhe lang. Die Glieder sind stark und kräftig, der Kopf lang und schmal, mit schönen langen Behängen, guter Belefzung und tiefliegenden Augen. Die Brust ist breit. Der gerade Rücken endigt in einer starken etwas compacten, in der Regel gekürzten Ruthe. Die Farbe der kurzen, straffen Behaarung ist braun, weiss mit brauner Platte, und forellengetigert. Das Temperament ist ruhig und befähigt den Hund zu jeder Jagd, nur bei gering besetzten Hühnerrevieren ist er ein wenig zu langsam und bei sehr grosser Wärme verlässt ihn .die Nase, wenn er nicht Gelegenheit findet, dieselbe öfter am Wasser frischen zu können. Auf gut besetzten Revieren ist es eine Freude, mit solch einem Hunde jagen zu können, wenn der Herr Jäger nicht allzu bequem ist.

Ebenso wie auf der Jagd ist der alte Deutsche Hund im Hofe und Hause zu gebrauchen, er ist äusserst wachsam und bei seinem gemessenen, verständigen Wesen weiss er sich äusserst anständig zu bewegen.

Es sollte mir eine grosse Freude bereiten und mich für alle gebrachten Opfer entschädigen, wenn diese wenigen Zeilen, welche ich zum Lobe dieses verkannten und an die Seite geschobenen Hundes hier geschrieben habe, Einiges dazu beitragen würden, denselben wieder an seinen ihm gebührenden Platz zu bringen. Wohl wird es sehr schwer halten, den rein Altdeutschen Hund wieder in seinem Original-Typus zu erzielen, doch sind wir schon zufrieden, wenn wir nur ziemlich ähnliche Exemplare erreichen, denn er ist entschieden allen anderen Jagdhunderacen vorzuziehen.

---

Die *Dressur des Hühnerhundes* im Besonderen betreffend, wollen wir noch einige Regeln und Vorschriften anführen.

Man lasse den jungen Hühnerhund niemals herumbummeln, lasse ihn nicht das Spielzeug oder die Unterhaltung Fremder sein, sondern gewöhne ihn an sich, studire seine Fähigkeiten und seinen Charakter und bringe ihm unbedingten Gehorsam bei. Ist es z. B. Ende Juli, so nehme man den 1—2 Jahre alten Hund, den man auf seinen Reviergängen bereits daran gewöhnt hat, links zurückzugehen, auf Commando vorzulaufen und auf den Pfiff sofort zurückzukommen, im Garten oder Hofe vor und lasse ihn an einem gut ausgestopften Hasenbalg das Apportiren üben, ebenso das Verlorensuchen und das Nachtragen.

Nie darf eine Unart ungerügt bleiben, sowie jede brave Leistung zu loben ist. Ist der Hund weich von Gemüth, so strafen ihn strenge Worte am besten, auch eine simulirte Verachtung des um Verzeihung bittenden Hundes — der, zu Gnaden nachher wieder angenommen, sich alle nur mögliche Mühe geben wird, seinem Herrn alles nach Wunsch zu machen. Bei einem harten Hunde muss mehr Strenge und die Gerte in Anwendung kommen, aber auch desto auffallenderes Liebkosen, wenn er etwas gelernt und gut gemacht hat. Niemals aber reisse dem Dressirer oder dem abführenden Jäger die Geduld, niemals übermanne ihn die Hitze!

Die Hauptsache aber ausser dem Gehorsam, der ihn auch »hasenrein« macht, ist die ruhige sorgfältige Suche und das feste Vorstehen, sowie das zuverlässige Apportiren. Genaues und Specielles, wie das dem Hunde beizubringen, findet man in manchem Jagd- und Hunde-Buche; aus neurer Zeit ist das beste *Der Vorstehhund* von *Friedr.* Oswald (Leipzig, Ernst Keil), aus früherer das treffliche Lehrbuch von *Ditrich aus dem Winkell* und *Thon's* Lehrbuch, Hunde abzurichten. Zum theoretischen Unterricht gehört aber noch eine praktische Unterweisung und Abführung des Jägers in der Jagd.

Da es aber nur Wenigen vergönnt ist, Alles sachlich bei einem guten Jägermeister zu erlernen, leider sogar auch nur noch wenigen jungen Forstmännern oder Jagdbeamten, so ist und bleibt es rathsam, in meiner allbekannten Anstalt und aus meiner weit ausgedehnten Jägerei zu kaufen, wo man nur gute Hunde in grösster Auswahl, vollkommen abgeführte und zuverlässig ferme Hunde, auf allen Elementen der Jagd brauchbar, bekommt.

Sonst sorge man dafür, sich erst selbst gut abführen zu lassen und mit der Führung guter Hunde vertraut zu machen — und dazu dient zugleich dieses mein hier vorliegendes Buch.

Einen guten Hund gut zu führen, ist wiederum nur dem fermen und geübten Jäger möglich, denn selbst ein guter Hund nimmt viel Aufmerksamkeit für sich in Anspruch, wovon die hundelosen Jagdschützen keine Ahnung haben, sie, die nur immer alles Gute vom Hunde und von seinem Herrn, dem fermen Jäger verlangen, beiden aber auch die Schuld für ihr eigenes Ungeschick oder Missgeschick aufbürden, oder für das manchmal unbegreifliche Jagdpech, das auch den ältesten und treuesten Diener Dianas nur gar zu oft neckt und ärgert.

Ein guter Hühnerhund muss im Felde in den kleinen Kräutern quer vor zwei bis drei Schützen suchen, zuverlässig das Wild schon von weitem markiren und den oder die Jäger vorsichtigst hinführen, dann fest vorstehen, bis das Commando zum Einspringen gegeben ist oder bis das Federwild oder Hase oder Kaninchen zum Herausfahren bewogen worden sind. Der Hund darf nie dem Wilde nachprellen, sondern muss erst den Schuss und dann das Commando »Apport!« oder »Bring's« abwarten. Er darf das Wild nicht quetschen, sondern er muss es leicht, aber rasch fassen und herbringen. Krankem Federwild muss er sofort folgen und es bringen, ebenso muss er krankgeschossenes Haarwild, auch den sich wehrenden Fuchs und Marder muthig und fest greifen, abwürgen und apportiren. Er muss ein verloren gegangenes Huhn im dichtesten Klee, Kohl oder Buschwerk verlorensuchen und finden. Ob er dabei hochwindet oder mit der Nase auf dem Boden, ist ganz gleich. Die tiefsuchenden Hunde waren und sind mir indessen stets die lieberen beim Verlorensuchen, sowie bei der Jagd im Busch, Röhricht, im Fenchel oder anderen hohen Kräutern.

Im Fenchel darf der Hund nur langsam in den gedrillten Furchen dem hin und her laufenden Federwild nachziehen und muss etwa 20 Schritte vor dem Ende des Stückes stehen bleiben und die Hühner nicht eher zum Herausstieben veranlassen, bis die Jäger am Rande gehend heran gekommen sind und schiessen können. Auch darf er kein Huhn in einer Furche zurücklaufen lassen.

Er muss selbst bei Kessel- und Stand-Treiben abwarten, bis er zur Hasenfolge commandirt wird, muss auf dem Anstande ruhig bleiben und darf nie, auch nicht im Busche, wo er ungesehen ist, Wild anschneiden, sich aber auch einmal gefasstes Wild von Niemandem, von keinem anderen Hunde und nicht von fremden Personen abnehmen lassen.

Er muss gern ins Wasser gehen, darin suchen und flink daraus apportiren. Und soll er ein vollkommener Gebrauchshund sein, so muss er im Walde aufstehendes Wild wo möglich zutreiben und auf den Schweiss arbeiten, sowie gefundenes Wild todtverbellen oder stellen und niederreissen. Er muss sich aber auch sofort von jeder Folge abrufen lassen.

Schliesslich sei noch erwähnt, dass unsere guten Hühnerhunde in schwarz, braun, grau, falbengelb, weiss und weiss mit brauner Maske, Sattel und Flecken, sowie mit braunen Tupfen vorkommen; es giebt jedoch auch braune mit löwengelbem Fang und eben solchen Füssen, sowie dreifarbige. Die langhaarigen sind härter als die glatthaarigen, und noch härter sind die stichel- oder rauhhaarigen. Am gelehrigsten, begabtesten, fleissigsten und gutmüthigsten sind die Hündinnen, aber meistens sind sie beim Apportiren weniger scharf als die männlichen Hunde.

Diese von mir gezüchteten und dressirten Jagdhunde, die dem Jäger als treue Gefährten bis in die cultivirtesten Jagdgebiete und Methoden folgen, wie sie ihm in den rauhesten unentbehrlich sein werden, leisten bei edelem, schönem Aeusseren Erstaunliches.

33. Englischer Pointer.

## 33. Der Englische Pointer.

Dieser Hund ist kurzhaarig, variirt sehr in der Farbe und ist in der Regel stärker und ausdauernder als der Französische Pointer, aber auf der Suche weniger rasch und energisch.

Von Natur mit Klugheit ausgestattet, begreift er leicht die an ihn gestellten Anforderungen, nur muss man sehr darauf bedacht sein, ihn nicht zu verschlagen, obgleich er schon ein wenig harte Behandlung verträgt.

Ich nehme hier Gelegenheit, die Herren, welche im Besitz einer guten Pointerhündin sind, darauf aufmerksam zu machen, dass es ihnen sehr zum Vortheil gereichen würde, wenn sie dieselbe mit einem renommirten Altdeutschen Gebrauchshunde kreuzten, da sie aus dieser Kreuzung gewiss allen Ansprüchen gerecht werdende Hunde erzielen würden.

## 34. Der Französische Pointer.

Er ist fast ausschliesslich von weisser Farbe mit citrongelben Flecken. Sein Bau ist schwächlich, doch sehr elegant. Er findet ebenso wie der Englische Pointer seine Verwendung als Vorsteh- und Hühnerhund und ist wegen seiner Leichtigkeit schneller als dieser; seine Nase ist gut, doch apportirt er selten.

Beide Pointer-Racen haben zum Nachtheile der so vorzüglichen Deutschen Jagdhunderacen in Deutschland eine grosse Verbreitung gefunden, und es wird noch vieler Jahre bedürfen, diese feinen verwöhnten Herren wieder zu verdrängen, obgleich jetzt selbst die waidmännischen Fachzeitschriften für den Altdeutschen Hund wieder einzutreten scheinen.

34. Französischer Pointer.

35. Gordon-Setter.

## 35. Der Gordon-Setter.

Unter den auch in Deutschland vielfach eingeführten Englischen Hühnerhund- oder Setterarten nimmt der *Gordon-Setter* den ersten Rang ein.

Sein Bau ist gedrungen und doch elegant. Die Höhe ist 65—70 cm. Der Kopf ist von ausserordentlich edlem, feinem Schnitt, die Schnauze ist lang und stumpf, das Auge mittelgross und voll, die Nase breit und fein gekörnt. Der Behang ist hoch angesetzt, breit, ziemlich lang, die Haare fein und seidenweich, und die Ruthe, welche der Setter schön lang austrägt, ist mit einer vollen, langbuschigen Fahne besetzt. Die Geruchsorgane des Setters sind ausgezeichnet scharf, weshalb er meist ein Hochwindsucher ist. Seine Suche kann rasch, sogar stürmisch genannt werden. Deshalb fordert er zur Führung einen gewandten, schneidigen Jäger. Als Wasserhund ist er ebenso zu empfehlen, da er gut apportirt.

Da der Setter ausserordentlich gelehrig und folgsam ist, so ist eine sogenannte Parforce-Dressur bei ihm nicht nöthig, zumal wenn ihm schon in seiner Jugend seine Pflichten gleichsam spielend beigebracht worden sind. Wird der Hund sachgemäss unter Beobachtung seiner Eigenthümlichkeiten gut geführt, so erhält man in kurzer Zeit, ohne dass eine strenge Stubendressur vorhergegangen ist, einen fermen guten Vorstehhund. Ist der Hund ohne vorherige Stubendressur von Jugend auf von demselben Jäger zur Jagd erzogen worden, so wird er nur bei diesem gut bleiben, während er, wenn er parforce dressirt ist, sich leicht an jeden Jäger gewöhnt und dessen Befehlen willig Folge leistet. Zum Apportiren von Haarwild ist diese Race nur in sehr seltenen Fällen zu benutzen.

## 36 und 37. Der Irische Setter und der Laverak-Setter.

Die erstere Species kommt mit wenigen Ausnahmen in rother und gelber Farbe vor. Bei einer Höhe von 50 cm ist ihr Körperbau fein und zart, und dadurch, dass die Stirn sehr hoch aufliegt, ist der Kopf nicht so schön als bei dem *Gordon-Setter*. Die Behaarung ist weich und mittellang, die Ruthe ist mit wenigen Ausnahmen Federruthe.

Die zweite Species, der *Laverak-Setter*, ist der ersteren ganz ähnlich und unterscheidet sich nur durch die Farbe, welche weiss mit schwarzen, braunen und gelben Platten, und schwarz gestichelt ist, sowie durch einen etwas kräftigeren Körperbau. Die Nase beider Species ist sehr gut, sie finden ebenso wie der *Gordon-Setter* ihre Verwendung als Hühner- und Wasserhunde.

36 und 37. Irischer Setter und Laverak-Setter.

**38. Englischer Fuchshund.**

## 38. Der Englische Fuchshund.

Wie es schon der Name sagt, wird dieser Hund vorzugsweise wegen seiner vorzüglichen Nase und seiner ausserordentlichen Schnelligkeit zur Fuchsjagd verwendet, doch kann auch Jagd auf anderes Wild mit ihm ausgeführt werden.

Er ist von mittlerer Grösse und erreicht die Höhe von 55—65 cm. Bei eleganter Figur und Haltung ist sein Bau doch kräftig und gedrungen, so dass er selbst hochgestellten Anforderungen in Bezug auf seine Ausdauer entspricht. Seine Farbe ist weiss mit Flecken von allen Farben. Die Behaarung ist kurz und straff anliegend. Der Kopf ist vielfach schön gezeichnet und hat meist über den Augen gelbe Punkte, wie sie bei den Dachshunden vorkommen. Der Behang ist ziemlich lang und herabhängend, die Ruthe halblang und wird nach oben gerichtet getragen. Die ziemlich lange, aber doch wohlgeformte Schnauze hat Lefzen, welche nur das Gebiss bedecken. Wie es seine Eigenschaft als Fuchshund und sein fast heftiges Temperament erfordert, ist das Auge gross, lebhaft und bekundet eine grosse Intelligenz. Die Nase ist in der Regel ganz vorzüglich und befähigt den Hund, die von dem gejagten Thiere auf dem Boden hinterlassene Witterung im schnellsten Laufe festzuhalten.

So ausdauernd dieser Hund ist, so sehr muss man sich hüten, allzu grosse Anforderungen an ihn zu stellen, damit er nicht vor der Zeit verbraucht, namentlich nicht von der Gehirnentzündung, welche wohl auch fälschlich Tollwuth genannt werden mag, befallen wird.

Der Fuchshund verfolgt die Fährte laut, aber nicht mit hellem Gebell, wie andere Arten, sondern mehr mit einem Heulen in tiefem Bass.

Vor den Bracken zeichnet sich der Fuchshund dadurch aus, dass er, ohne gekoppelt zu sein, sich neben dem Pferde des Piqueurs hält, wenn er dazu dressirt ist, während die Bracken paarweise zusammengekoppelt fest an der Leine gehalten werden müssen.

Trotzdem der Fuchshund ein sehr lebhaftes Temperament hat, ist er doch keineswegs bösartig, ja er ist wegen seiner Munterkeit als Hofhund mehr werth, als unser sonst so braver Deutscher Jagdhund.

39. Englische Bracke.

## 39. Die Englische Bracke.

Auf nebenstehendem Bilde führe ich den geneigten Lesern zur Veranschaulichung dieser trefflichen Species eine Meute von 12 Stück vor, und es wird sich gewiss ein jeder Jagd- und Hundeliebhaber an dieser Gruppe erfreuen. In der Regel dreifarbig, haben diese Hunde ein schönes Aeussere und einen treuen, anhänglichen Charakter. Auf der Jagd sind sie äusserst lebhaft und werden gegen alles Wild verwendet. Wie der Fuchshund verfolgen sie die Fährte des Wildes laut, aber mit hellen, melodisch klingenden Lauten.

Werden die Bracken zur sogenannten Parforce-Jagd verwendet, bei welcher das Wild ohne Anwendung von Schiessgewehren erlegt wird, so heissen sie Parforce-Hunde und werden dann einzeln gekoppelt, während sie zu jeder anderen Jagd paarweise zusammengekoppelt geführt werden. Ihre Nase ist vorzüglich und sie nehmen die Jagd mit grossem Eifer auf, wobei sie unaufhörlich Laut geben, sobald sie Wild, d. h. die Fährte desselben vor sich haben. Ihre Ausdauer ist unerschöpflich und ihre grosse Liebe zur Jagd und vorzügliche Klugheit befähigt sie in kurzer Zeit, die Bedeutung eines jeden Rufes oder Signales verstehen zu lernen, so dass sie nur durch das Signal veranlasst zu werden brauchen, die Jagd zu unterbrechen oder auf anderer Fährte zu verfolgen.

Am Liebsten jagen sie Rehe, Wildschweine und Hirsche. Will man sie zur Fuchsjagd abrichten, so empfiehlt es sich, ihnen einen abgestreiften Fuchs zerstückelt und etwas angebraten zum Frasse vorzuwerfen. Ist Gelegenheit geboten, sie in ihrer Jugend junge Wölfe würgen zu lassen, so sind sie später ebenso gut zur Wolfsjagd zu verwenden.

## 40. Der Harrier

(Hasenhund).

Der Englischen Bracke in seinem Aeusseren und Wesen sehr ähnlich, wird dieser Hund zur Hasen-, Fuchs- und Kaninchenjagd verwendet. Er wird einzeln und auch paarweis zusammengekoppelt geführt.

Der Harrier eignet sich durch sein überaus freundliches, munteres Wesen ganz besonders zum Stubenhund und kann ich hier an dieser Stelle nur mein Bedauern aussprechen, dass er bis jetzt nicht mehr Freunde gefunden hat. In einer Beziehung ist er einzig in seiner Art, denn er versteht es, wie kein anderer Hund, die Treiber auf Jagdrevieren, wo grosse Schonungen vorkommen, zu ersetzen. Er findet alles und es ist eine Lust, mit solchem Hunde ein derartiges Revier zu bejagen. Neben der Ersparniss der Treiberkosten hat man noch den Vortheil, dass das Revier fast gar nicht gestört wird.

40. Harrier.

**41. Deutsche Bracke.**

## 41. Die Deutsche Bracke

(auch Stein-Bracke genannt).

Aus einer Kreuzung des Deutschen Vorstehhundes mit dem Dachshund hervorgegangen, vereinigt die Deutsche Bracke die Vorzüge dieser beiden Hundearten in sich. Sie ist zu jeder Jagd zu verwenden und wird in der Art und Weise wie die Englische Bracke und der Harrier geführt. Sie kommt in den verschiedenartigsten Färbungen vor und ist besonders in Gebirgsgegenden, wo mit vielem Schnee zu kämpfen ist, bei den Holztreibjagden sehr zu empfehlen. Die Grösse derselben ist 45—55 cm.

## 42. Der hochbeinige Dachshund.

Dieser Hund war eine lange Zeit förmlich verschwunden, so dass man nur noch selten einen zu Gesicht bekam. Jetzt ist er wieder mehr in Aufnahme gekommen, weshalb ich ihn hier als besondere Hundespecies aufführe.

Dieser Dachshund ist gewöhnlich schwarz mit gelber Schnauze, gelben Extremitäten und gelben Augenpunkten; es kommen auch gelbe und gescheckte Exemplare vor. Der Körperbau ist lang gestreckt und schlank, die Läufe im Verhältniss zur Länge des Körpers kurz, aber zum Unterschiede von dem krummbeinigen Dachshunde ziemlich gerade. Es kommen auch häufig braune Hunde mit gelblicher Schnauze und Gliedern oder hirschrothe und gelbe, sowie weisse und gefleckte vor.

Für kleinere Reviere versieht der hochbeinige Dachshund vollständig den Dienst der Bracke, er jagt Alles, Hirsch, Reh, Schwein, Fuchs, Marder und Kaninchen. Er stellt in den meisten Fällen den Hirsch und das Schwein, sogar den Rehbock bringt er zum Stehen und giebt seinem Herrn Gelegenheit, sich anzupürschen und das Wild zu erlegen. Ebenso verfolgt er den Marder und Iltis und giebt Standlaut, wenn dieselben gebäumt haben.

Beim Verfolgen einer Spur wird er laut und bringt das Wild in der Regel dem Jäger vor das Gewehr. Seine Grösse ist 40—45 cm, in seltenen Fällen 50 cm.

**42. Hochbeiniger Dachshund.**

**43. Krummbeiniger Dachshund.**

## 43. Der krummbeinige Dachshund.

In seinem Aeusseren ist der krummbeinige Dachshund dem vorher beschriebenen bis auf die Vorderläufe ganz ähnlich. Diese Vorderläufe sind den Grubbern des Maulwurfes ähnlich, bis zur Unschönheit gekrümmt und verrathen schon durch ihre Stellung ihre Bestimmung zum Graben.

Dieser Hund fehlt wohl in keinem Hause eines Jägers oder Försters, denn neben seiner vielseitigen Verwendbarkeit zur Jagd ist er ein treuer, zuverlässiger Wächter des Hauses und Hofes. Nichts entgeht seiner Wachsamkeit und die Schärfe seines Gebisses hat manch unbewehrtes Bein eines Unberufenen erproben müssen.

So bissig und unverträglich er gegen andere Hundearten ist, so sehr verträgt er sich mit dem Jagdhunde. Man sieht ihn oft sein Lager und sein Futter mit dem Jagdgenossen theilen, und auf den Gängen zur Jagd sind beide vollends unzertrennlich.

Seine Ansprüche sind sehr mässige, weshalb er auch überall gehalten wird und er lohnt durch seine vielen Tugenden die an ihn verwendete Mühe reichlich.

Der Dachshund ist der kleinste unter den zur Jagd verwendeten Hunden, aber trotzdem der muthigste und brauchbarste, denn er wird nicht allein zur Jagd über der Erde, sondern auch zur Jagd unter der Erde gebraucht. Wenn wir unseren muthigen, nimmer rastenden Teckel nicht hätten, würde Meister Grimbart sein Wesen in den Jagdrevieren toller treiben können, wie er es ohnehin noch thut. Auch Reinecke der Fuchs ist in seinem Bau vor ihm nicht sicher und die viele Narben zeigende Schnauze eines alten Teckels zeugt von so manchem blutigem Kampfe unter der Erde, den er bestanden.

Die Figur des Dachshundes ist so mit dem Begriff des Jägers verbunden, dass man von vorn herein den Besitzer eines Teckels auch für einen Jäger halten kann. Deshalb wird wohl auch selten ein Gehöft, auf welchem ein Dachshund sichtbar wird, von Dieben heimgesucht werden, denn es lassen sich in der Regel neben dem treuen Wächter auch noch Schiessgewehre im Hause vermuthen, welche dem unberufenen Eindringling gefährlich werden könnten.

So treu und anhänglich der Dachshund ist, so sitzt ihm doch nicht selten der Schalk im Nacken, denn er treibt gar zu gern, wenn er sich unbeobachtet glaubt, ein wenig Jagd auf eigene Rechnung und vermag wohl sogar seinen Hofgenossen, den biederen Jagdhund, zu derartigen Streifereien zu verleiten. Die gehörige Aufsicht und Strenge gewöhnt ihm indessen diese Unart bald ab.

Der krummbeinige Dachshund eignet sich zum Treibhund ebenso gut, als der hochbeinige, auch er jagt sämmtliches Wild und ist als Finder zu benutzen, doch ist er, wenn einige Zoll Schnee fällt, fast unbrauchbar als Treibhund, da er sich dann nur sehr langsam fortbewegen kann. Seine Grösse variirt zwischen 30—40 cm, die Farbe ist schwarz mit gelben Extremitäten, hirschroth, gelb, seltener getigert und gefleckt.

---

Vom *Abrichten oder Dressiren des Dachshundes* lässt sich wenig sagen. Der Dachshund weiss allein, zu was er da ist, er ist ein Feind des Zwanges und der Knute; selbst ein wackerer Geselle duldet er keine Knechtschaft. Er leistet oft weit mehr als man nur verlangen kann.

Er ist ein äusserst reinlicher Hund, überaus treu und anhänglich, aber auch sehr wachsam; unerschrocken und tapfer greift er den grössten Hund an. Er fürchtet sich im Dunkel der Erde nicht vor dem viel stärkeren Fuchs, oder dem gut bewaffneten Dachs. Er greift den Otter an, stellt den Rehbock, den Hirsch, ja sogar das wildbewehrte Hauptschwein, dem gegenüber er doch nur ein schwacher Zwerg ist. Aber seine Intelligenz, seine Geschicklichkeit und Gewandtheit, sowie sein Muth machen ihn zu einem respectabeln Vertreter des gesammten Hundegeschlechts — und zum Liebling des Jägers. Man braucht ihn nur zu führen und ihn bei dem A. B. C. der Dressur selbst ablauschen zu lassen, zu was er am besten taugt, oder man muss ihn von alten Hunden anlernen lassen, dann wird er am tüchtigsten. Man lasse aber auch ihn nie herumbummeln, sonst gewöhnt er sich an's Wildern und lernt anschneiden. Den zum Kriechen sich eignenden Dachshund hetze man bei Zeiten auf ausgestopfte Fuchsbälge, die man ihm so vorhält, als lebe das Thier und wolle den Hund angreifen. Man hetze und ärgere ihn stets so lange, bis er wüthend geworden, fest zupackt. Noch besser ist es, man hat frischgeschossene Katzen, Iltisse oder Sommerfüchse, und lässt diese nach derbem Anhetzen von ihm herumzausen.

Ist der junge Dachshund drei viertel oder ein Jahr alt, dann ist es die rechte Zeit, ihn mit zur Fuchshetze zu nehmen. Besonders gut ist es, wenn man die alte Füchsin wegschiesst und ihn dann die ersten Versuche auf junge Füchse machen lässt, die ein junger Hund am besten würgen kann. Man trage ihn in der Tasche hinaus, setze ihn neben den fermen alten Hund, den man einfahren lässt, und hetze nun den jungen mit »Hui! fass Füchschen, fass!« an, dem alten zu folgen. Hat der junge Hund schon daheim Anlagen gezeigt, indem er in Thonröhren kroch, an deren Ende man ein frischgeschossenes Kaninchen oder eine Katze hielt, die er packen und herauszerren musste, so wird er dem fermen Hunde im Feldbau ebenso hastig folgen. Die Hetze auf Dachse, die viel gefahrvoller ist und viel mehr Muth erfordert, folgt im Herbst, im Oktober und November, die Marderhetzen im Winter, ebenso die auf Ottern.

Hierbei seien die künstlichen Dachsbaue erwähnt, die gefahrloser für die Hunde sind, sich leichter graben lassen und uns die natürlichen Baue ungestört belassen. Vor 25 Jahren war ich in einer Gegend der Elbe in Sachsen, wo es viele Dachse gab und wo in den grossen Bauen so mancher brave Hund versetzt wurde, in tiefe Fallröhren fiel und, trotz alles Umgrabens Tage und Nächte lang, in den Bauen zu Grunde ging, die oft Häuser tief waren und ein Terrain von $1/2 - 3/4$ Hektar einnahmen. Wir kamen da auf die Idee, künstliche Fluchtröhren und kleine Kunstbaue anzulegen, die nach Erfahrungen brillante Dienste leisteten und heute noch leisten, ohne den Stamm der Dachse zu vernichten. Die beste Beschreibung eines solchen *künstlichen Dachsbaues* findet man in dem ohnehin sehr empfehlenswerthen, bei *Paul Parey* in Berlin erschienenen: »*Jaeger-Vademecum*« von *Alexander Meyer*. Hier nur im Auszuge mit Ergänzungen Folgendes:

»Im zeitigen Frühjahre grabe man da, wo in der Nähe, eine halbe Stunde im Umkreise, Dachsbaue sind, womöglich an einer Berglehne, mindestens an einem hügeligen Abhang oder Rand oben an der Lisiere des Busches einen 1 m tiefen Graben mit vertikalen Wänden, und 12 m lang, und werfe am Ende dieses Grabens einen Querschlag von 4—6 m Länge aus. Die Wände der Röhre setzt man mit Steinplatten aus (Schiefer) und deckt diese wieder mit stärkeren Platten halbwege zu. Auf 2 m in der Röhre beginne man auch den Fussboden mit Platten zu belegen, damit der Dachs keine senkrechten Fahrten oder Fallschächte anlegen kann. Hinten am Ende grabe man eine Art Kessel aus, der seitwärts der krumm gehenden Einfahrtsröhre einen Raum gewähre. Die Röhren müssen 30 bis 35 cm im Quadrat halten. Oben deckt man dann erst den geringeren und sonach den besseren Boden wieder darauf, so kann der Landmann das Feld darüber bebauen. Besser ist es aber, es bleibt frei. Derartige Baue mit stets einer Fluchtröhre lege man mehrere an, streue auch Laub und etwas Heu vor die Röhre, und im Sommer wird man bald bemerken, dass die Dachse einen oder mehrere der Kunstbaue angenommen haben, was im Herbst, wenn sie fett sind, viele Jägerfreude und gute Beute giebt, ohne dass man den Hauptbau zu zerstören braucht. Klarer Sand am Eingang, mit einem Rüthchen glatt gekehrt, giebt Auskunft, ob der Bau befahren ist oder nicht, nur gehe man stets von oben hin, nie trete man vor die Röhre, wo noch ein grosser Deckstein in der Nähe liegen muss, mit dem man beim Hetzen den Eingang zusetzt. Die Füchse nehmen im Winter diese Baue ebenfalls gern an, ich habe manchen Reinecke aus den künstlichen Dachsbauen ge hetzt, und am Eingang auch solche in Tellereisen gefangen, ebenso Dachse, selbst Marder.

Beim Einlassen des Dachshundes darf derselbe kein Halsband tragen, darf auch nicht träge gefüttert sein. Kommt derselbe noch einmal zurück, um sich umzusehen, so wische man ihm mit einem feuchten Lappen die Augen von der Erde rein und hetze ihn wieder an. Auch hier heisst es, Ausdauer haben, sich keine Mühe verdriessen lassen und gut verhören. Hat man einen Spaten während des Grabens zwischen Hund und Dachs in die Röhre gesteckt, und hat man einen der Decksteine, die übrigens nicht fest an einander schliessen sollen, etwas gelüftet, so nimmt man den herauskommenden Hund ab und leint ihn an. Ist der Dachs mit der Zange herausgehoben und getödtet worden, was am besten dadurch geschieht, dass ihm einer der Anwesenden auf den Rücken springt, wodurch ihm sofort das Rückgrat gebrochen wird, und er ist gestochen, um ihm Schweiss abzulassen, dann gewähre man namentlich jungen Hunden die Wollust, den Dachs herumzuzausen und derb hineinzufassen.

Nach dem Graben oder Hetzen wird der Kunstbau wieder in Stand gesetzt, und nach vier Wochen, auch manchmal früher, kann man schon wieder ein Füchslein oder Dächslein drin spüren.

Bei der oberirdischen Jagd ist es eine Hauptsache, dass der oder die jagenden Hunde den Jägern, die sich auf den Wechseln angestellt haben, das Wild zutreiben; das beruht aber auf Veranlagung und Uebung, und kann nie gelehrt werden.«

## 44. Der Schweisshund.

Wie schon der Name sagt, hat dieser Hund die Fährte des Wildes nach dem vorhandenen Schweisse (Blute) aufzusuchen und ihr zu folgen. An seine Geruchsorgane werden die grössten Anforderungen gestellt; darin, dass er denselben nachzukommen vermag, liegt sein Werth.

Als Schweisshund werden heut zu Tage fast alle Hunderacen abgerichtet und verwendet, aber hier ist nur die Rede von der Art der Schweisshunde, die von Alters her gezüchtet und geführt worden ist.

Leider muss von dem Deutschen Schweisshunde dasselbe wie von dem Deutschen Vorstehhunde gesagt werden, er ist in seiner Reinheit nicht mehr oft anzutreffen, und wird auch bald zu den Seltenheiten gehören, wenn nicht auch hier bald eine Umkehr von dem Fremdländischen eintritt.

Der Schweisshund ist etwas kleiner als der Jagdhund, ist stämmig und kräftig gebaut, in der Regel von dunkelrother oder hellerer Farbe und hat ein finsteres Ansehen, was durch die starken Falten auf der Stirn hervorgebracht wird. Es kommen auch gelb-schwarz gewolkte Exemplare vor. Der Behang ist lang, ebenso die Schnauze und Belefzung. Die Ruthe ist glatt und kräftig. Von Charakter ist der Schweisshund bös.

Die Dressur eines Schweisshundes ist sehr schwierig und erfordert eine grosse Aufmerksamkeit, Kenntniss und Mühe. Ich halte es daher für angemessen, da dieselbe von der Dressur eines Jagdhundes vollständig abweicht, hierunter die Abhandlung, welche der verstorbene Königl. Preussische Vize-Oberjägermeister *R. v. Meyerinck* über die Dressur des Schweisshundes verfasst hat, wesentlich so folgen zu lassen, wie sie von Herrn Baron *von Nolde* niedergeschrieben ist. Sie lautet:

»Die Kunst, Hunde zur Jagd abzurichten, hat in den letzten 20 Jahren sich meist nur auf die Vorstehhunde erstreckt, was aber die Erziehung und Abführung des Deutschen

**44. Schweisshund.**

Schweisshundes betrifft, so ist man in Deutschland darin offenbar sehr zurück gegangen. Die guten Schweisshunde werden immer seltener und wenn im Allgemeinen nicht mehr dafür gethan wird, werden sie künftig nur noch zu den grössten Seltenheiten gehören. Es ist diese Verminderung wohl hauptsächlich durch die bedeutende Abnahme des Roth- und Damwildes in sehr vielen Gegenden Deutschlands seit dem Jahre 1848 veranlasst. Es giebt nicht mehr die viele Gelegenheit, Schweisshunde abzuführen und ausserdem werden die gelernten Jäger, welche mit der hohen Jagd vertraut sind und Schweisshunde abzuführen und zu führen verstehen, leider immer seltener. Sie haben entweder auch nicht immer Gelegenheit, sich dafür auszubilden, oder es wird ihnen nicht die gehörige Unterweisung von ihren Lehrherren gegeben, weil letztere es entweder nicht verstehen oder keine Jagdpassion oder Gelegenheit dazu haben. Gute und echte Schweisshunde sind im Preussischen Staate nur noch im Harz, in der Letzlinger Haide, der Uckermark und bei mehreren grösseren Grundbesitzern in Schlesien zu finden, besonders bemüht sich das Königl. Hofjagdamt, die alten Deutschen Schweisshunde zu erhalten. Von den Nachbarstaaten hält besonders Coburg-Gotha, Meiningen, Mecklenburg, Braunschweig und Anhalt noch auf gute und reine Schweisshunde und haben diese auch so viel Gelegenheit, um Schweisshunde zu erhalten. Se. Hoheit der Herzog von Coburg-Gotha hat auch noch eine Schweisshunderace, welche von der alten Deutschen Race im Aussehen sehr abweicht. Diese ist eine kleine, lang gestreckte, sehr kurzläufige, dickköpfige und stumpfschnauzige mit zottigem Haar versehene Race, die entweder von schmutziggrauer oder dunkelbrauner Farbe ist. Sie sind nach meinem Dafürhalten Englischer Abstammung, da man wenigstens auf den Englischen Jagdbildern, sogar bei Fischotterjagden solche Hunde abgebildet sieht, und da sie von keinem der älteren Jagdschrifsteller, welche über Deutsche Schweisshunde schreiben, erwähnt werden, obwohl Se. Hoheit der Herzog von Coburg bestimmt zu wissen glaubt, dass es eine alte constante Thüringische Schweisshunderace sei. Diese Hunde haben sich auf den Schweiss ganz vorzüglich bewährt und ist es ihnen gleichgültig, ob sie auf Roth-, Dam-, Reh-, Gemsen- oder Schwarzwild nachsuchen und angehetzt werden.

Se. Königl. Hoheit der Prinz *Friedrich Carl* von Preussen besass früher mehrere derartige Hunde, welche beim Nachsuchen und Hetzen von krankem Wilde mitunter das Unglaubliche geleistet haben und vor denen jeder Jäger die Mütze abnehmen musste. Nur eine sehr schlechte Eigenschaft hatten sie, dass, wenn sie mit geschossenem Wilde auf einem Wagen lagen, dasselbe leicht anschnitten und war ihnen dies leider durch die schwerste Strafe nicht abzugewöhnen. Um nun dem Immerseltenerwerden der Schweisshunde vorzubeugen, sollten wenigstens diejenigen Königl. Forst- und Jagdbeamten und grösseren Grundbesitzer, die noch einen Hochwildstand haben, darauf halten, dass die Schweisshunde eifrig fortgepflanzt und conservirt werden, da diese Herren selber häufig die Erfahrung machen werden, wie unentbehrlich sie bei einem Hochwildstande sind. Unsere Deutschen Schweisshunde stammen von dem alten Deutschen Leithunde ab und ist die Race wahrscheinlich auch theilweise durch Kreuzung mit dem Englischen oder Französischen Jagdhunde entstanden. Sie haben ein edles, ruhiges Aussehen, einen gestreckten Körper, verhältnissmässig niedrige, aber muskulöse Läufe, sind stumpfschnauzig, haben eine breite Brust, einen langen, runden Behang und eine langgestreckte spitzzulaufende etwas gebogene Ruthe. Meistens sind sie kurzhaarig und sind von hirschrother, gelber oder rothbrauner Farbe. Die Schweisshunde mit kurzen, spitzen Behängen, hohen Läufen, langem spitzem Kopf, geringelter Ruthe oder gar weissen Flecken auf der Brust oder an den Läufen, sind nicht mehr von reiner Race und ist hierzu Blut von Hühner- oder Hirtenhunden, Saufindern etc. dazwischen gerathen. Man kann aus den letzteren bisweilen auch gute Hunde für die Schweissjagd ausbilden, doch bei der reinen Race hat man mehr Aussicht auf Erfolg, da diese meist schon von der Natur angewiesen ist, auf den Schweiss nachzusuchen.

Was nun die Erziehung junger Schweisshunde betrifft, so lasse man zunächst bei der alten Hündin stets nur 2—3 Junge liegen und entferne die anderen Neugeborenen sogleich nach der Geburt. Die Hunde werden dann kräftiger und die alte Hündin wird nicht zu sehr angegriffen. Schon nach 2—3 Wochen gebe man den jungen Hunden neben der Muttermilch täglich etwas verdünnte Kuhmilch, wonach sie kräftiger wachsen, als wenn die Mutter sie noch länger allein ernährt, und füttere die alte Hündin gut und spare die Fleischbrühe nicht. Um der bei den jungen Hunden so häufig vorkommenden Hundekrankheit, der Staupe, vorzubeugen, gebe man denselben, sobald sie 3—4 Monate alt sind, alle Wochen 2—3 Mal $^1/_2$ Theelöffel pulverisirte Schwefelblüthe unter dem Futter oder separat mit etwas Milch, bis sie etwa 1 Jahr alt sind. Es giebt ja bekanntlich eine Menge Mittel gegen die Staupe, doch ist nach meiner Erfahrung dies Mittel das einzige, was sich stets bewährt hat, nächst den Lebenspillen »Life preservers for Dogs«. Man kann auf diese Weise manchen hoffnungsvollen Hund vom Tode erretten. Ausserdem ist es nothwendig, dass junge Hunde nicht in dunkle und dumpfige oder kalte Ställe eingesperrt werden, sondern man muss sie in einem Zwinger herumlaufen lassen, damit sie sich gehörig bewegen, stets frische Luft haben und ihre Hütte oder ihren Stall nach Belieben benutzen können. Dabei lasse man es niemals an frischem Wasser fehlen.

Wo möglich sperre man mehrere junge Hunde zusammen, damit sie mit einander spielen und sich herumtummeln. Sie lernen dann besser laufen, werden gewandter und kräftiger. Lässt man die Hunde aus ihrem Zwinger heraus und laufen sie frei auf dem Hofe umher, so leide man nie, dass sie sich mit dem Federvieh, den Schafen oder anderen Hausthieren umherjagen, dahingegen bringe man sie von früher Jugend an, so oft sich eine Gelegenheit darbietet, an geschossenes Wild heran, sei es auf dem Hofe oder in der Wildpretskammer. So oft man zu Hause ein Stück Wild aufbricht oder zerlegt, lasse man stets die jungen Hunde dabei sein und zusehen, leide jedoch niemals, dass sie von dem Wilde etwas anrühren oder fortschleppen oder gar an dem Stück Wild zupfen und reissen. Nur kalten Schweiss gebe man ihnen und diesen auch auf Brot gewischt, wodurch dieselben leicht auf Schweiss genossen gemacht werden. Bei dieser Gelegenheit, aber noch vor dem Aufbrechen des Stückes versucht man auch den Hunden das Verbellen des Wildes beizubringen. Man hebe zu dem Ende den Kopf des erlegten Stückes in die Höhe, bewege ihn hin und her, animire die Hunde, das Stück Wild vorn am Halse anzugreifen, fahre mit dem Kopf oder Gehöre auf sie los und suche sie so zu erschrecken und zu nörgeln mit dem Zuruf: »*Verbelle Hirsch!*« Fangen die Zöglinge wirklich an zu bellen, so rufe man ihnen zu: »*so recht! verbelle Hirsch! so recht!*« — Wenn dieses Manöver oft und geschickt vorgenommen wird, lernen die Hunde sogar bisweilen das Todtverbellen, d. h. dass, wenn sie später auf die kranke Fährte vor undurchdringlichen Dickungen oder Brüchen etc. gelöst werden und das Stück Wild verendet finden, sie laut vom Halse werden und dadurch verkünden, wo das Stück Wild zusammen gebrochen ist. Es ist dies eine vorzügliche Eigenschaft eines Schweisshundes, die jedoch den Hunden meistens nur angeboren ist. — Der mühsame Jäger kann aber viel dazu beitragen, dass die Hunde das Todtverbellen lernen.

Bei allen diesen Vorübungen sowohl, wie auch später bei der Abführung spreche man sonst so wenig Worte als möglich mit dem Hunde und nur die Worte wiederhole man öfters, die zum Abführen gehören. Es ist unglaublich, wie viel leichter diese Thiere dadurch ihren Lehrer verstehen lernen und wie bald sie dann die Worte sich merken, die ihnen gelten. Ist man nun zu der Ueberzeugung gelangt, dass ein Hund Talent und Nase für seine Bestimmung hat, und man kennt seine Eigenthümlichkeiten und sein Temperament, so kann man, sobald er auch körperlich, etwa nach $3/4$ Jahr ausgewachsen ist, mit der Abführung desselben beginnen. Hierbei will ich nur noch bemerken, dass in den meisten Fällen Hündinnen gelehriger sind und eine feinere Nase haben. Hunde sind dagegen schneller und zum Hetzen besser zu gebrauchen, bedürfen aber meist einer strengeren und härteren Behandlung, indem sie hitziger und leidenschaftlicher sind. Hat der junge Hund sehr viel Temperament und ist er zu hitzig beim Nachsuchen, so dass der Jäger ihm kaum folgen kann, so bleibt nichts übrig, als ihm ein Korallenhalsband umzulegen, damit er sich nicht zu sehr in den Riemen legt.

Schon mehrere Monate vor Beginn des Abführens muss der junge Hund an eine Kette gelegt werden, und darf er nun nicht mehr fortwährend frei im Zwinger oder auf dem Hofe umherlaufen. Dabei achte man darauf, dass er an der Kette nicht heult oder bellt, sondern sich auch bei diesem Zwange ruhig verhält. Von nun ab muss der Lehrherr dem Schüler sein Futter selber vorsetzen, er muss ihn von der ihm lästigen Kette selber befreien und wieder anlegen und ihn alle Tage mindestens eine Stunde frei umherlaufen lassen, auch bei sich in der Stube behalten und ihm bei dieser Gelegenheit Appell und Gehorsam in jeder Beziehung beibringen. Jeder Schweisshund muss so gut wie ein Hühnerhund auf den Ruf seines' Namens und Pfiff seines Herrn pünktlich gehorchen. Man führe den Hund nun zunächst an einem kurzen Schweissriemen öfters auf dem Hofe oder im Garten umher und zwar so lange, bis dass er gerne und willig mitgeht, nicht vorläuft oder sich nicht ziehen lässt. Dann erst nehme man ihn mit in den Wald, achte darauf, ob er die Fährten vom Hochwilde, die sich etwa über den Weg spüren, aufnimmt und ob er auch ältere Fährten durch Beschnuppern noch markirt und bei frischen Fährten mit der Nase tief sucht. Es ist dies letztere eine nothwendige Eigenschaft eines Schweisshundes, da ein solcher, der mit der Nase hoch in den Wind sucht, gar nicht zu gebrauchen ist, und man gebe das fernere Abführen mit ihm lieber gleich auf, weil er nie die Fährte oder den Schweiss, besonders in schwierigen Fällen, halten kann.

Nimmt er nun Wildfährten auf, so lasse man ihm einige Schritte weit seinen Willen, nehme ihn dann aber behutsam ab und gehe mit ihm weiter, ohne ihn besonders zu loben. Höchstens klopfe oder streichle man ihn mit der Hand, damit er nur merkt, dass er nichts Unrechtes gethan hat. Ein Mehreres macht ihn leicht für gesunde Fährten empfänglich, was später schwer wieder abzugewöhnen ist. —

Man bleibe mit dem Zögling aber nicht immer auf Wegen und Gestellen, sondern gehe durch dichte Stangenhölzer oder sogar durch Dickungen, damit er auch hier lernt, immer dicht hinter seinem Herrn zur linken Seite so zu gehen, dass er diesen niemals incommodirt und stets geschickt folgt, also nicht um die Bäume herumläuft oder sich im Gesträuch verwickelt. Man gehe mit ihm möglichst nahe bei Wild vorüber und wenn dies flüchtig wird und der Hund wird laut, so verweise man ihm dies durch einen tüchtigen Ruck mit dem Riemen.

Wird derselbe nur aufmerksam auf das Wild und verhält er sich ruhig, so gehe man dahin, wo das Wild stand, lasse ihn die Fährte einen Augenblick beschnuppern, klopfe ihn allenfalls einige Male mit der Hand und gehe dann ruhig weiter. Nach Verlauf einiger Wochen bringe man ihm bei, dass er sich im Walde ruhig ablegen lässt. Zu dem Ende binde man ihn mit dem Schweissriemen an einen Baum und lasse die Jagdtasche oder ein Schnupftuch bei ihm zurück, damit er die Witterung seines Herrn behält; entferne sich nur kurze Strecken und kurze Zeit und dehne dies allmählich weiter aus. Ist der Hund hierbei laut, so kehre man jedes Mal sofort zurück und strafe ihn oder rede ihn hart an mit dem Zuruf: pfui laut! Verhält er sich ruhig, so lobe und streichele man ihn bei der Rückkehr und gebe ihm auch einige Stücken Brot. Später, wenn er erst ruhig liegen bleibt, sobald sich sein Lehrherr entfernte, schiesse man auch einmal blind einige hundert Schritte von ihm, damit er sich gewöhnt, auch selbst nach einem Schusse still liegen zu bleiben. Sollte sich der Hund etwa gar an dem Schweissriemen vergreifen und ihn durchschneiden, um sich zu befreien und um seinem Herrn nachzueilen, so bleibt nichts übrig, als ihn in der Folge an eine nicht zu starke Kette, die in Leder oder in starke Leinwand eingenäht ist, abzulegen, indem er dann bald belehrt werden wird, dass er nicht zu seinem Zwecke gelangen kann. Wenn jedoch junge Hunde vor und während der Abführungszeit zu Hause an die Kette gelegt werden, so wird man die Untugend des Losschneidens vom Riemen nur in sehr seltenen Fällen bei einzelnen Hunden gewahr werden und diese sind dann immer nur sehr ungehorsamer Natur.

Dies Ablegen eines Schweisshundes hat den Zweck, dass man, wenn man ein Stück Wild schiessen und sich heranschleichen will, von ihm nicht incommodirt wird. Ferner weil die Erfahrung lehrt, dass jeder Hund bei der Nachsuche ruhiger ist und sicherer nach Schweiss sucht, wenn er das Wild, wonach man schoss, vorher gar nicht gesehen hat. Die meisten Hunde haben so viel Gedächtniss und Ortssinn, dass sie bei der später vorzunehmenden Nachsuche gleich mit hoher Nase dahin drängen, wo sie das angeschossene Stück Wild zuletzt die Flucht hinnehmen sahen. — Sehr gut ist es, wenn sich die Gelegenheit dazu darbietet, einen jungen Hund auch schon frühzeitig daran zu gewöhnen, dass er auf dem Pürschwagen ruhig liegt und nicht winselt oder gar laut wird, wenn er vom Wagen aus Wild windet oder äugt. — Hat man nun mit dem Hunde diese Vorarbeiten vollendet, d. h. ist er vollständig führig gearbeitet, was, wenn man recht fleissig mit ihm ist, nach 2—3 Monaten der Fall sein kann, so beginne man die Nachsuche mit ihm auf den Schweiss. Man schiesse zu dem Ende womöglich ein Stück Wild, was einzeln stand, damit er nicht durch gesunde Fährten zu sehr irritirt wird, durch die Lunge mit einem nicht zu kleinen Blei breit durch, so dass man die Gewissheit hat, dass das angeschossene Stück gut schweisst und noch 150—300 Schritte flüchtig ist, ehe es verendet. Bevor man nach einem Stücke Wild schiesst, sollte man sich jedesmal vorher seinen Stand merken, nach dem Schusse aber irgendwie markiren, von wo man geschossen hat, und dann erst behutsam nach dem Anschusse hingehen, damit man auf demselben nicht unnöthig umhertrampelt und die Fährte zertritt. Hat man abgeschossene Haare und Schweiss gefunden und die richtige Fährte bestätigt, so verbreche man diese und lasse den Schweiss kalt werden, ehe die Nachsuche begonnen wird. Junge Hunde dürfen nie auf warmen Schweiss gearbeitet werden, weil sie dann zu hitzig und mehr nach der Fährte als nach dem Schweiss suchen und später auf kalten Schweiss, was doch die Hauptsache ist, gar nicht suchen lernen. Wie lange man nach dem Schusse mit dem Nachsuchen wartet, damit der Schweiss kalt ist, lässt sich nicht ganz fest bestimmen. Dies hängt von der Jahreszeit, vom Wetter oder Boden etc. ab. Bei heissen trockenen Tagen genügt eine Stunde, bei feuchter trüber Witterung warte man 2—3 Stunden, ehe man mit der Nachsuche beginnt, jedoch Hauptbedingung bleibt, dass das Stück Wild auch schon verendet ist. Das Arbeiten auf kalten Schweiss hat auch den Vortheil, dass die Hunde später angeschossenes Wild auch halbe Tage oder ganze Nächte nach dem Anschusse auszumachen lernen.

Sobald man also die Ueberzeugung hat, dass der Schweiss kalt geworden, so gehe man mit dem Hunde am langen Schweissriemen nach dem Anschusse und spreche ihm wiederholt die Worte zu: *such! verwund! mein Hundchen!* — Zieht er der richtigen Fährte nach und markirt er den Schweiss, so rufe man ihm zu: *recht verwund, so recht mein Hundchen!* halte einen Moment an, klopfe und lobe ihn jedesmal. — Soll er wieder weiter suchen, so rufe man ihm zu: *such vorhin!* — Beim Aufsetzen eines jungen Hundes auf den Anschuss oder ersten Schweiss kommt es häufig vor, dass er von der Stelle aus anfängt falsch zu suchen, hin und her schwärmt oder umherkreiset, besonders, wenn das Wild gleich eine starke Flucht, nicht gerade aus, sondern hin und her genommen hat. Man lasse dem Hunde dann ja seinen Willen und strafe ihn nicht, sondern gehe, wenn er nicht von selber die richtige Fährte wiederfindet, immer wieder auf den letzten Schweiss zurück und beginne die Suche von Neuem, ohne die Geduld und Ruhe zu verlieren. Ist der Lehrling sehr hitzig und überschiesst er die Fährte öfters und findet sie nicht wieder, dann erst strafe man ihn durch einige tüchtige Rucke oder Hiebe mit dem Riemen und dem Zuruf: *pfui! pfui,* ehe man ihn auf den letzten Schweiss zurück bringt. Hält er die schweissende Fährte, ist aber sehr hitzig dabei, so encouragire man ihn nicht, sondern rufe ihm nur wiederholt zu: *schone dich!* Auch hält man wohl hin und wieder einen Augenblick an, damit er sich beruhigt und wieder zu Athem kommt. Man binde ihn dann auf der Fährte an einen Baum an. Erst nach $^1/_4$ Stunde setze man die Suche weiter fort mit dem Zuruf: *such vorhin mein Hundchen!* Ausserdem spreche man aber nicht mit dem Hunde und noch weniger mit einem etwaigen Begleiter, damit er durch nichts irritirt wird. Markirt der Hund den Schweiss mit der Nase, so halte man ihn an mit dem Zuruf: *lass sehen mein Hundchen!* Hat er recht und findet man Schweiss, so lobe und klopfe man ihn mit den Worten: *recht verwund mein Hundchen!* und lasse ihn weiter suchen. Er wird sich dann die Worte, die ihm gelten, sehr bald merken und verstehen lernen, was er bei diesem oder jenem Worte zu thun hat. — Ist man nun an das verendete Stück Wild herangekommen, so lasse man dem Hunde seinen Willen, wenn er dasselbe putzt, d. h. den Schweiss ableckt oder es am Halse würgt. Nur dulde man kein Zupfen oder Reissen in den Dünnungen oder an den Keulen oder an der Schusswunde und rufe ihm zu, wenn er es doch thut: *vorn mein Hundchen, vorn!* — Man lasse ihn dann auch jedesmal verbellen, wie dies schon früher angedeutet ist. Man lobe ihn und gebe ihm stets seine Zufriedenheit zu erkennen, wenn er recht und willig gehandelt hat. Beim Aufbrechen des Wildes muss er ruhig liegen bleiben und zusehen, ohne dass er vom Aufbruch oder Feist sich auch nur das Geringste zueignet. Nicht einmal Schweiss darf er von selber nehmen, sondern er muss abwarten, bis er von seinem Lehrherrn etwas bekommt. Man gebe ihm jedoch nur klein geschnittene Milz oder geronnenen Schweiss. Auf diese Weise werden die Hunde genossen gemacht und lernen nicht die fatale Angewohnheit des Anschneidens. Nascht der Hund von selber Aufbruch oder Feist, so strafe man ihn stets durch einige Hiebe mit dem Schweissriemen oder einer bereit liegenden feinen Ruthe, was ihm am unangenehmsten ist. Hierzu erlaube ich mir zu bemerken, dass es sonst nicht Jägerbrauch ist, einen Schweisshund mit einer Ruthe zu strafen, doch kann ich mir nicht helfen, es hier als ein ganz probates Mittel anzuführen, den jungen Hunden das Anschneiden dadurch abzugewöhnen, dass man ihnen mit einer feinen Ruthe ganz unbarmherzig einige Hiebe über die Nase oder den Kopf giebt, wenn sie sich von selber vom erlegten Stücke Wild etwas aneignen. Man wird sich bei Anwendung dieses Mittels später manche Mühe und Verdruss ersparen. Niemals aber schlage man einen Schweisshund mit einem dicken Stocke, oder tractire ihn mit Fusstritten oder Reissen am Behange. — Das ist nicht jägermässig und befördert den Zweck nicht. Sollte der Fall vorkommen, dass man den Hund aus irgend einem Grunde von der richtigen Fährte abnehmen muss, um vielleicht das Stück Wild erst noch kränker werden zu lassen, oder wenn es in unzugänglichen Brüchen oder Felsenpartien etc. oder durch Wasser gewechselt hat, so muss man den Hund nicht von der Fährte fortziehen oder gar reissen, sondern abtragen, d. h. man hebt ihn ganz von der Erde hoch, nimmt ihn unter den Arm und geht 10—20 Schritte mit ihm seitwärts, ehe man ihn wieder zur Erde setzt. — Der Hund merkt dann eher, dass der Lehrer dabei seinen besonderen Zweck und er nicht Unrecht hat. Man mache nun solche kurzen und sicheren Suchen, so oft sich irgend Gelegenheit darbietet, suche es aber stets zu vermeiden, dass man eine Fehlsuche macht. Nach etwa 5—6 gelungenen Suchen beginne man auch schwierigere Nachsuchen. Man schiesse zu dem Ende ein Stück des Morgens durch die Leber oder gut waidewund und wo möglich breit durch, weil das kranke Stück so besser schweisst, und suche erst nach Verlauf von 5—6 Stunden nach, wo es dann gewöhnlich schon verendet sein wird, oder wenigstens nicht wieder aufstehen kann. Auch kann man ein Stück, um die Suche noch schwieriger zu machen, des Abends anschiessen und erst am folgenden Morgen nachsuchen, doch darf man inzwischen keinen Regen in Aussicht haben. Wann man nun anfangen soll, mit einem jungen Hunde ein krankes Stück Wild zu hetzen, hängt davon ab; wie bald der Hund sicher bei der Suche und sein Temperament ruhig ist. Im entgegengesetzten Falle vermeide man jede Hetze, da es sonst leicht Fehlhetzen giebt und der Hund auf lange Zeit wieder verdorben wird. Jedenfalls lasse man sich nie verleiten, vor dem zweiten oder dritten Jahre seines Alters eine Hetze zu machen. Die besten Hetzen für junge Schweisshunde sind Keulen- oder Leberschüsse, oder auch wenn der Vorderlauf in der Gegend des Kniees abgeschossen ist, wobei das Wild am meisten schweisst. Wenn es irgend möglich ist, mache man die ersten Hetzen nur auf männliches Wild, besonders auf Hirsche, da diese sich weit leichter stellen, als Spiesser und Mutterwild. Schmalwild stellt sich fast niemals, sondern bleibt so lange flüchtig, bis es entkräftet sich niederthut. Auch zweijährige und ältere Keiler sollte man eigentlich weder mit jungen noch alten Hunden hetzen, da sie häufig zu Schanden geschlagen werden, besonders wenn die Hunde scharf sind und die Keiler unvorsichtig attakiren. Bei Bachen hat man dies nicht zu fürchten. Jedes Stück Hochwild, das man hetzen will, lasse man 2—3 Stunden krank werden und beunruhige es vorher gar nicht. Man löse einen jungen Hund auch erst dann, wenn er das kranke Stück zu sehen bekommt, oder es nahe vor ihm aus dem Bette sich erhebt und fortzieht oder flüchtig wird. Im letzteren Falle sucht man bis an das Bett heran, lässt ihn den Schweiss nochmals markiren, sucht auf dem frischen Schweiss 20—30 Schritte noch weiter und löst ihn dann mit dem Zuruf: *hetz mein Hundchen! hetz!* — Hört man, dass er das Stück Wild stellt, so gehe man behutsam unter Wind heran und gebe dem Stück Wild den Fangschuss, nachdem man den Hund hat so lange als irgend möglich stellen lassen. Beim Anhetzen von Wild mit einem jungen Hunde kommt es oft vor, wenn das Wild noch flüchtiger ist, als der Hund, dass er die kranke Fährte überschiesst und umherschwärmt. Findet er dieselbe nicht wieder, so rufe oder pfeife man ihn zurück oder warte auf der Rückfährte, bis er von selber wieder kommt und nehme ihn wieder an den Riemen, aber strafe ihn dafür gar nicht. Nach Verlauf von 5 Minuten setze man ihn von Neuem auf den Schweiss und suche wieder vorwärts, bis man wieder an das kranke Stück heran ist und löse ihn dann abermals mit dem Zuruf: *hetz, hetz mein Hundchen!*

Das vollständige Firmwerden eines Hundes hängt nun nicht blos von der guten Führung ab, sondern von der vielen Uebung. Je öfter ein Hund Gelegenheit hat, auf Schweiss zu arbeiten, desto besser ist es, denn Uebung und Erfahrung macht hier den Meister und der beste Jäger kann die fehlende Uebung nicht ersetzen.

Zum Schluss will ich nur noch bemerken, dass man mit ausgelernten und guten Hunden, also vielleicht im 3. oder 4. Jahr ihres Alters, nicht mehr so ängstlich zu verfahren braucht. Man kann mit ihnen eher die Nachsuche beginnen, und braucht den Schweiss nicht mehr so kalt werden zu lassen. Man kann z. B. oder muss sogar ein Stück Wild sofort anhetzen, wenn es einen Keulenschuss hat, oder ihm ein Lauf zerschossen ist, nur bei Waidewundschüssen sei man vorsichtig und lasse das Stück Wild erst krank werden, ehe man hetzt, da man meist auf wenig oder sogar auf keinen Schweiss zu rechnen hat und solches Stück bisweilen noch eine Stunde weit forttrollt, bis es sich stellt. Eine wichtige Regel für einen alten Hund ist, dafür Sorge zu tragen, dass er sich nicht verliege und so oft wie möglich und von ein und demselben Jäger geführt werde, und dass dieser auch die Nachsuchen mit ihm unternimmt; dann wird auch ein solcher allezeit das leisten, was man von ihm verlangen kann.«

## 45. Der Spaniel.

Diese aus einer Kreuzung des Wachtelhundes hervorgegangene Hundeart wurde früher viel gezüchtet und begehrt, ist aber heute von den ihr sehr verwandten Setterarten sehr verdrängt, weil letztere bedeutend mehr Ausdauer haben.

Der Spaniel erreicht eine Höhe von 45—50 cm und gleicht in seinem Aeusseren, sowie Wesen vollständig dem Wachtelhunde, er wird nur als Vorstehhund für Federwild benutzt, hat eine sehr angenehme Suche und sehr feine Nase. In Deutschland ist er fast gar nicht mehr zu finden, und sogar auf den grossen Ausstellungen war er nur selten vertreten. Als Zimmer- und Schmuckhund ist der Spaniel sehr zu empfehlen, da sein Exterieur vollendet schöne Formen aufweist und die seidenweiche Behaarung ihm ein sehr schönes Aussehen verleiht.

**45. Spaniel.**

46. Polnischer Wasser- und Vorstehhund.

## 46. Der Polnische Wasser- und Vorstehhund.

Ueber die Abstammung dieses Hundes sind die Meinungen sehr verschieden. Meiner unmaassgeblichen Ansicht nach, ist diese Hundeart aus einer Kreuzung des alten Deutschen Vorstehhundes mit dem Schäferhunde entstanden.

Sein Ansehen ist unschön zu nennen, denn der ganze Körper ist sogar bis auf die Schnauze mit halblangem, borstenartigem Haar bedeckt.

Seine Grösse ist die eines mittleren Vorstehhundes und die Farbe ist grau, braungelb und auch schwarzschimmelig.

Neben allen Vorzügen des Vorstehhundes hat er noch den, ein sehr guter Wasserhund und gegen den Einfluss der Kälte höchst unempfindlich zu sein, weshalb er für die Jäger des Nordens ein sehr begehrter und werthvoller Jagdhund ist, auch ist er in der Regel ein sehr guter Apporteur und besitzt eine sehr grosse Zähigkeit und Ausdauer.

## 47. Der Saubeller oder Finder.

Dieser Hund ist ein Bastard von Dachs- und Schäferhund und wird, da er einen ausserordentlichen Muth und grosse Ausdauer besitzt, zur Saujagd verwendet.

In der Regel wird der Finder mit einer Meute Parforce-Hunde geführt, an deren Spitze er gestellt wird, um ein Rudel Schwarzwild oder einen einzelnen Keiler oder eine Bache in den undurchdringlichen Dickungen aufzusuchen und zu stellen. Das Hauptschwein des Rudels bemüht sich, dem kecken, kleinen Gesellen mit seinem Gebrech Schläge beizubringen, welche ihm wohl für immer die Lust zum Jagen verleiden würden. Aber flink und gewandt weicht er den Schlägen aus und giebt dem Jäger Zeit, sich zu nähern und das Schwein zu erlegen. Gelingt es demselben nicht, sich anzupürschen, so wird das Dickicht umstellt und die Meute losgelassen, welche nun dem Finder zu Hülfe kommt, worauf sich die Schweine zur Flucht wenden und bei dem Wechsel über die Gestelle von den harrenden Schützen erlegt werden können. Sind Thiere krank geschossen, so verfolgt der Finder deren Fährte und stellt sie so lange, bis der Jäger kommt und sie aushebt.

**47. Saubeller oder Finder.**

48. Persischer Windhund.

## 48. Der Persische Windhund.

In seinem eleganten Körperbau gleicht dieser Hund dem Englischen Windhunde fast vollständig, nur ist er noch feiner gebaut und mit seidenartigem, langem Haar bedeckt, welches die Ruthe mit einer wundervollen Fahne ziert.

Zur Jagd ist dieser Hund nach Nachrichten, die mir aus Kleinasien von meinen werthen Kunden und Gönnern direct zugegangen, gar nicht zu gebrauchen, weshalb nach dort vielfach Englische und Schottische Windhunde bezogen werden, um die in diesen Ländern sehr beliebten Hetzjagden mit Erfolg ausführen zu können.

Wegen seines schönen Aeusseren ist er ein sehr beliebter Zimmerhund, zeichnet sich aber weder durch Wachsamkeit noch durch Muth aus.

Die Frau Prinzess Friedrich Carl von Preussen hat schon seit längerer Zeit im Lust- und Jagd-Schloss Glienicke bei Potsdam sehr schöne Exemplare in einem Zwinger untergebracht.

Diese Hunde sind fast ausschliesslich bunt gefleckt, nur selten kommen einfarbige vor.

## 49. Der Russische Windhund.

Auch dieser Hund ist dem Englischen Windhunde sehr ähnlich, ist etwas stärker als dieser gebaut und hat eine halblange Behaarung, welche ihn unempfindlich gegen die Einflüsse des rauhen Klimas macht. Die Nase ist nicht scharf, wird aber durch das Auge, welches schon in der weitesten Entfernung selbst kleinere Thiere erkennt, sehr unterstützt.

In Russland wird der Windhund häufig zu Wolfshetzen verwendet, doch sind in der Regel 3 Stück nöthig, um einen dieser Räuber zu erlegen.

Als Luxus- und Wachhund findet er wenig Verwerthung in seinem Heimathslande, obgleich sein Exterieur sehr einnehmend ist. Seine Färbung ist fast ausschliesslich rein weiss, doch kommen auch buntgefleckte und dunkel-einfarbige Exemplare dieser Race nicht selten vor. Seine Grösse variirt, wie auch die des Persischen Windhundes, zwischen 60—75 cm.

49. Russischer Windhund.

50. Schottischer Windhund.

## 50. Der Schottische Windhund

(Deer-hound, auch Hirschhund genannt).

Im Ganzen dem Englischen Windhunde ähnlich, ist der Schottische Windhund von stärkerem Körperbau und bedeutend grösser. Er ist fast hässlich zu nennen, doch giebt es Liebhaber, die ihn schön finden, was indess nur eine Geschmacksverirrung sein dürfte.

Seine Behaarung ist halblang, flockhaarig, und meist von rother oder grau und weiss melirter Farbe.

Er ist sehr treu und wachsam und steht in dieser Beziehung über allen seinen Namensvettern. Aber nicht allein dieser Vorzug giebt ihm den Vorrang vor anderen Windhundarten, er übertrifft den Englischen Windhund in Folge seines kräftigen Körperbaues auch noch an Schnelligkeit ohne Rücksicht auf die Bodenbeschaffenheit, Schnee, Glatteis u. s. w.

In seiner Heimath, Schottland, wird er hauptsächlich erfolgreich zur Hirschhetze benutzt.

## 51. Otter-Hunde

sind keine besondere Race, es können kleinere und grössere beherzte Hunde zu solchen erzogen und abgerichtet werden, z. B. Kreuzungen von lang- oder rauhhaarigen Hühnerhunden mit Dachshunden oder von Spitzen mit Dachshunden. Die *irischen* sowie *schottischen Terriers* sind auch sehr geeignet dazu.

Jetzt, wo man bei der Hebung und dem endlich erwachten Interesse an der Fischvermehrung und Fischerhaltung dieser Hunde da und dort bedarf und gute Resultate mit ihnen erzielen will, ist es nöthig, auch von ihnen zu reden. Vor 80—100 Jahren waren die Ottern bei uns sehr zahlreich, das sagen *v. Wildungen* und besonders auch *Friedrich aus dem Winkell* in ihren damals erschienenen Werken. Jetzt aber, wo man nur in den Gebirgsflüssen Thüringens in 2 Jahren über 300 Stück erjagte, fing und schoss, ist es anders geworden. Die Jagd auf den Otter wird jetzt förmlich zur allgemeinen Hetze und so kann es kommen, dass dieses sonst so kostbare Raubthier bei uns bald auf dem Aussterbe-Etat stehen wird, was für die Fischerei allerdings von wesentlichem Nutzen ist. Die Ottern sind es aber nicht allein, die unsere Flüsse und Teiche von Fischen entvölkerten, vielmehr tragen die Schleusenwässer und die mit giftigen Substanzen vermischten Abfallwässer vieler industrieller Etablissements zur Vernichtung des Fischbestandes bei, da sie in unsere Flüsse und Bäche trotz aller Verbote doch noch massenhaft fliessen.

Otterhunde müssen scharf erzogen werden, müssen bei Zeiten an die Wasserarbeit gewöhnt und viel mit Fischfleisch gefüttert werden. Sind sie soweit, dass sie nach einem Knochen im seichteren Wasser tauchen und haben sie sich sonst als gute Stöberhunde im nassen Elemente gezeigt, so nimmt man ihrer 3—6, grosse und kleine, mit, und stellt Garne in's Wasser und an den Ufern Haken oberhalb und unterhalb des Flussterrains, das abgesucht werden soll. Dann lässt man die Hunde in das Wasser, um dasselbe, namentlich die Ufer abzusuchen, geht mit dem Gewehre mit und feuert sie an. Zugleich muss ein Mann mit einem starken Hamen zur Hand sein, und an beiden Garnen muss je ein Mann mit einer Ottergabel stehen, der den Otter zu stechen versteht; doch darf erst dann nach dem Otter gestochen werden, wenn er dem Mann sein Hintertheil zukehrt. Entweder packen die Hunde einen losgemachten Otter im Wasser und würgen ihn, oder sie stellen ihn, dass man ihn schiessen kann, oder aber der Otter flüchtet bei Zeiten und geht in's Garn, worin er dann gestochen wird.

## Jagd- und Hunde-Liebhaber

werden mir, wie ich denke, noch Dank wissen, wenn ich zum Schluss eine Reihe von

### Hunde-Namen,

die sich für die verschiedenen Arten und Geschlechter eignen, zu beliebiger Auswahl bei vorkommenden Fällen zusammenstelle.

#### Für **Hühnerhunde** empfehle ich:

Argo — Caro — Coridon — Chasseur — Feldmann — Hector — Hess — Lampe — Leo — Lord — Medor — Mentor — Mylord — Nimrod — Perdix — Rasch — Steh — Silvan — Treff — Trouvé — Tyras — Tyro — Waldmann.

#### Für **Hühnerhündinnen**:

Aurora — Bellona — Cora — Clara — Coquette — Diana — Dido — Donna — Doris — Fauna — Flora — Juno — Jo — Lady — Leda — Nisa — Venus.

#### Für **männliche Dachshunde**:

Bergmann — Däckel — Erdmann — Greif — Hiesel — Hans — Kaspar — Mineur — Scharf — Waldmänne — Fass.

#### Für **weibliche Dachshunde**:

Agre (Fang) — Nape (Waldschlucht) — Bergine — Grete — Maritz — Waldine — Terrine — Otter.

#### Für **Windhunde**:

Adonis — Aeolus — Amor — Cupido — Paris — Castor — Pollux — Laelaps (Sturm; cfr. Ovid. Metamorph. 7, 771) — Dromas (Läufer).

#### Für **Windhündinnen**:

Aura — Agre — Circe — Hebe — Ino — Iris — Maja — Vesta.

#### Für **Hatzhunde** (Doggen):

Ajax — Caesar — Gigas — Hector — Hercul — Milo — Minos — Nero — Pluto — Leuco (Weiss) — Asbo (Schwarz) — Sticto (Schäckig).

#### Für **Hatzhündinnen**:

Hecate — Lethe — Medea — Medusa — Rhea — Alce (Stärke) — Sticte (Schäcke).